Werner Lorbeer / Gerhard Steinbach

5 MATHE

Arithmetik • Maße • Größen

Werner Lorbeer / Gerhard Steinbach

5 MATHE

Arithmetik • Maße • Größen

GRIPS!

Augustus

Die Deutsche Bibliothek – CIP-Einheitsaufnahme
Mathe : erfolgreicher lernen mit Grips! - Augsburg : Augustus.
(Grips!)
Kl. 5.
Arithmetik, Maße, Größen / Werner Lorbeer/Gerhard Steinbach.
Buch. - 1998
ISBN 3-8043-4055-5

Bei der Verwendung im Unterricht ist auf dieses Buch hinzuweisen.

Der Inhalt des Buches ist mit größter Sorgfalt vom Autor und vom Verlag erarbeitet und geprüft worden. Trotz aller Sorgfalt sind Fehler aber nicht immer ganz zu vermeiden. Wenn sich wirklich ein Fehler eingeschlichen hat, sind Autor und Verlag dankbar für jede schriftliche Rückmeldung.

AUGUSTUS VERLAG, AUGSBURG 1998

Umschlaggestaltung und Grundlayout: Christine Paxmann, München
Layout: Engelbert Kaletka/Hartmut Schultes
Satz: Gesetzt aus 12/13 p ITC Officina Sans
Illustrationen: Eva Kircher, Burgau
Lektorat: Hartmut Schultes
Assistenz: Carina Janßen
Druck und Bindung: Offizin Andersen Nexö, Leipzig
Printed in Germany

ISBN 3-8043-4055-5

Inhalt

Geld

Primzahlen

Vorwort

Willkommen beim Lerntraining mit GRIPS!
Mit vielen Merksätzen, Eselsbrücken und anschaulichen Beispielen unterstützt *Mathe 5.* dich beim Lernen. Zusätzlich trainierst du den Stoff mit einer Fülle von Übungen zur Arithmetik, zu Maßen und Größen.

Der gesamte Lernstoff ist so aufgeteilt, dass du auf jeder Doppelseite ein spezielles Thema findest. Auf der linken Seite befinden sich die wichtigsten Regeln und etliche Beispiele, auf der rechten Seite viele Übungen zum Bearbeiten. Hast du auch die CD-ROM, findest du alle Themen auch darauf wieder. Dieses Buch ist als Arbeitsbuch zum Lernen und Hineinschreiben gedacht. Lernkästen, farbige Unterlegung und Schrift sowie Symbole am Rand zeigen dir auf den ersten Blick ganz besonders wichtige Informationen.

 **Ballon** Einstimmung, Interessantes	 **Trichter** Das sollst du auswendig wissen	 **Schlüssel** Tipp zum leichteren Lernen, Eselsbrücke
 **Lupe** genau lesen, hinsehen	 **Blitz** Warnung vor häufigen Fehlern	 **Palme** gönne dir eine Pause

Die Lösungen zu den Aufgaben findest du am Ende des Bandes. Auch wenn du vieles ins Buch direkt eintragen kannst, solltest du dir dennoch ein eigenes Übungsheft für umfangreichere Eintragungen und Lösungen und zum Nachschlagen für dich selbst anlegen.
Wir freuen uns, wenn wir Hinweise und Anregungen erhalten, wie wir unsere Bücher noch besser machen können. Wenn dir also etwas gar nicht oder aber besonders gut gefällt, schreibe uns einfach.

Postadresse:
Augustus Verlag
Dr. W. Lorbeer/G. Steinbach
Steinerne Furt 67
86167 Augsburg

E-Mail-Adresse:
feedback@lernen-mit-grips.de

Oder sieh doch mal auf unserer Homepage nach. Dort findest du immer interessante Neuigkeiten.

Internet-Adresse: http://www.lernen-mit-grips.de

Natürliche Zahlen

Große Zahlen

Wie viele Sekunden sind seit deiner Geburt vergangen? – Eine Stunde hat 3 600 Sekunden, ein Tag 24 · 3 600 = 86 400 Sekunden, und ein normales Jahr hat 365 · 86 400 = 31 536 000 Sekunden. In einem Jahr vergehen also einunddreißig Millionen fünfhundertsechsunddreißigtausend Sekunden. Als du zehn Jahre alt warst, waren schon über dreihundert Millionen Sekunden seit deiner Geburt vergangen.

Die Zahlen 1, 2, 3, 4, 5, 6, 7, 8, 9, 10, 11, 12, usw., mit denen man zählt, heißen **natürliche Zahlen**.

Eine natürliche Zahl, die mit der Ziffer 1 beginnt und sonst nur aus Nullen besteht, heißt **Stufenzahl**.

Wichtige Stufenzahlen sind:

1 000	Tausend	eine 1 mit drei Nullen
1 000 000	Million	eine 1 mit sechs Nullen
1 000 000 000	Milliarde	eine 1 mit neun Nullen
1 000 000 000 000	Billion	eine 1 mit zwölf Nullen
1 000 000 000 000 000	Billiarde	eine 1 mit fünfzehn Nullen

Nach der Billiarde kommen die Trillionen, dann die Quadrillionen, Quintillionen, Sextillionen, Septillionen, Oktillionen, Nonillionen und Dezillionen. Die Trillion hat dreimal so viel Nullen wie die Million, die Quadrillion viermal so viel, usw.

Beispiel 1: Unsere Milchstraße besteht aus etwa 150 Milliarden Sonnen.

Beispiel 2: Unsere Sonne, der nächste Stern, ist ungefähr 150 Millionen km von der Erde entfernt. Alpha Centauri, der zweitnächste Stern, ist bereits über 40 000 000 000 000 km entfernt, in Worten: vierzig Billionen Kilometer.

Die **Quersumme** einer Zahl ist die Summe ihrer Ziffern.

Beispiel: Die Quersumme von 72 ist die Zahl 9 (= 7 + 2).

Aufgaben

1. Gib die kleinste natürliche Zahl an. Gibt es eine größte?

2. Eine Quadratzahl entsteht, wenn man eine Zahl mit sich selbst malnimmt. Die Zahl 9 ist z. B. eine Quadratzahl, weil 9 = 3 · 3 ist.

   Wie viele Quadratzahlen sind kleiner als 500?

3. Wie viele einstellige (zweistellige, dreistellige) natürliche Zahlen gibt es?

4. Schreibe die Sextillion als Zahl. Wie viele Nullen hat die Dezillion?

   1 000 000 000 000 000 000 000 000 — Quadrillion
   1 000 000 000 000 000 000 000 000 000 000 — Quintillion

   Sextillion

5. Schreibe folgende Zahlen in Worten:

a) 12 345 zwölftausenddreihundertfünfundvierzig

b) 123 456

c) 1 234 567

d) 10 000 100 100 100

6. Berechne die Quersummen von 2 564, 245 678 983 und 1 010 101 001:

7. Wie heißt die größte sechsstellige Zahl mit der Quersumme 15?

Das Zehnersystem

Die zehn Zahlzeichen, mit denen wir Zahlen schreiben, sind 0, 1, 2, 3, 4, 5, 6, 7, 8 und 9. Sie heißen **Ziffern**. Mit ihnen kann man jede beliebige Zahl schreiben. Der Trick dabei ist, daß der Wert einer Ziffer davon abhängt, an welcher Stelle sie in der Zahl steht.
Die Zahlen 987 und 798 sind verschieden, sind aber mit den gleichen Ziffern 7, 8 und 9 geschrieben. Bei der Zahl 987 hat die Ziffer 9 den Wert 9 · 100, weil sie an der Hunderterstelle steht. Bei der Zahl 798 hat die Ziffer 9 den Wert 9 · 10, weil sie hier an der Zehnerstelle steht.

Stellenwertschreibweise von Zahlen

Zahl		Zehntausender		Tausender		Hunderter		Zehner		Einer
987	=					**9** · 100	+	**8** · 10	+	**7** · 1
9 870	=			**9** · 1 000	+	**8** · 100	+	**7** · 10	+	**0** · 1
90 807	=	**9** · 10 000	+	**0** · 1 000	+	**8** · 100	+	**0** · 10	+	**7** · 1

Der Aufbau der Zahlen aus Ziffern heißt **Zehnersystem** oder **Dezimalsystem**, weil man zehn Ziffern benötigt und weil der Stellenwert sich von rechts nach links immer auf das 10fache vergrößert.

Beispiel: Die Ziffern 5, 7 und 9 lassen sich zu den sechs verschiedenen Zahlen 759, 795, 579, 597, 957 und 975 anordnen.

Beachte: Das römische Zahlensystem ist kein Dezimalsystem.

Römische Zahlzeichen

I	V	X	L	C	D	M
1	5	10	50	100	500	1 000

So liest du römische Zahlen:
1. Die Werte der Zahlzeichen werden normalerweise zusammengezählt.
2. Steht aber ein niedrigeres Zahlzeichen genau vor einem höheren, so wird der Wert des niedrigeren von dem des höheren abgezogen.

Aufgaben

1. Schreibe in der Stellenwertschreibweise:

a) 1 122

b) 1 000 100

c) 1 002 003 000

2. Wie heißt die kleinste und wie die größte vierstellige Zahl, bei der alle Ziffern verschieden sind?

3. Wie viele dreistellige Zahlen haben

a) 7 als Einer- und Zehnerziffer?

b) die Quersumme 4?

4. Nimm eine zweistellige Zahl und zähle die Zahl dazu, die du durch Vertauschen der Ziffern erhältst. Als Summe erhältst du immer das 11fache der Quersumme der Ausgangszahl. Überprüfe an selbstgewählten Beispielen. Überlege am Beispiel der Zahl 43, warum das so ist.

Ein Rechentrick

Lass jemanden eine beliebige dreistellige Zahl mit lauter verschiedenen Ziffern nennen, z. B. 436. Er soll dann alle sechs Zahlen bilden, die man durch Umstellen der Ziffern erhält, und dann zusammenzählen. Du kannst die Summe leicht im Kopf berechnen und vorhersagen, bevor der andere fertig ist.

Rechne folgendermaßen:

Bilde die Quersumme der genannten Zahl, verdopple die Quersumme und vervielfache mit 111.

Quersumme von 436 ist 13. Also $13 \cdot 2 \cdot 111 = 26 \cdot 111 = 2\,886$.

$26 \cdot 111$ kann man im Kopf so rechnen:

Bilde die Quersumme von 26 und vervielfache sie mit 11. Du erhältst 88.

Das Ergebnis schreibe zwischen die Zehner- und Einerstelle von 26, also 2886.

Ist die Quersumme größer als 9, verfahre ebenso, zähle aber die ersten beiden Ziffern zusammen.

Beispiel: $75 \cdot 111 = (7+1)325 = 8\,325$

Das Zehnersystem in Potenzschreibweise

Für den Rechenausdruck $3 \cdot 3 \cdot 3 \cdot 3$ schreiben die Mathematiker kürzer 3^4 und sprechen „drei hoch vier". Es ist $3^4 = 81$. Rechne nach!

Die neue Schreibweise 3^4 heißt **Potenz**. Die Zahl 3 ist dabei die **Grundzahl** (Basis) und die Zahl 4 die **Hochzahl**.

Beispiel 1: $2^3 = 2 \cdot 2 \cdot 2 = 8$.
Die Zahl 2 wird dreimal mit sich selbst malgenommen.

Beispiel 2: Stufenzahlen kann man als Potenzen mit der Grundzahl 10 schreiben. Man nennt sie Zehnerpotenzen.

$10 = 10^1$
$100 = 10 \cdot 10 = 10^2$
$1\,000 = 10 \cdot 10 \cdot 10 = 10^3$
$10\,000 = 10 \cdot 10 \cdot 10 \cdot 10 = 10^4$
$100\,000 = 10 \cdot 10 \cdot 10 \cdot 10 \cdot 10 = 10^5$

Bei Zehnerpotenzen gibt die Hochzahl die Anzahl der Nullen hinter der 1 an.

Die Stellenschreibweise von Zahlen als Summe mit Zehnerpotenzen

$$\mathbf{2\,354} = \mathbf{2} \cdot 10^3 + \mathbf{3} \cdot 10^2 + \mathbf{5} \cdot 10^1 + \mathbf{4} \cdot 1$$
$$\mathbf{3\,406\,789} = \mathbf{3} \cdot 10^6 + \mathbf{4} \cdot 10^5 + \mathbf{0} \cdot 10^4 + \mathbf{6} \cdot 10^3 + \mathbf{7} \cdot 10^2 + \mathbf{8} \cdot 10^1 + \mathbf{9} \cdot 1$$

Die Stellenwerte des Zehnersystems beruhen auf der Grundzahl 10.
Im Zehnersystem gilt für den Stellenwert:
Der Stellenwert der
1. Stelle von rechts ist das 1 fache der Ziffer an dieser Stelle,
2. Stelle von rechts ist das 10 fache der Ziffer an dieser Stelle,
3. Stelle von rechts ist das 10^2 fache der Ziffer an dieser Stelle,
4. Stelle von rechts ist das 10^3 fache der Ziffer an dieser Stelle,
usw.

Aufgaben

1. Die Potenz sei 3^5.

a) Was ist die Grundzahl? Was ist die Hochzahl?

b) Schreibe die Potenz mit Malzeichen aus.

2. Schreibe als Potenzen:

a) $2 \cdot 2 \cdot 2$

b) $3 \cdot 3$

c) $10 \cdot 10 \cdot 10$

d) $7 \cdot 7 \cdot 7 \cdot 7 \cdot 7$

3. Berechne folgende Potenzen:

a) 3^2

b) 2^3

c) 5^4

d) 4^3

e) 1^5

4. Schreibe als Zehnerpotenz:

a) Hunderttausend

b) Zehn Millionen

c) Eine Milliarde

d) Eine Billion

e) Eine Trillion

f) 100 Milliarden

5. Schreibe als Summe mit Zehnerpotenzen:

a) 34 562

b) 1 001 001

c) 102 030 405

6. Eine Quadratzahl läßt sich als Potenz schreiben: $5^2 = 25$. Schreibe die Quadratzahlen bis 25^2 auf:

1, 4, 9, 16

Das Dualsystem

Computer rechnen nicht im Dezimalsystem wie wir, sondern verwenden nur die zwei Ziffern 0 und 1.

Der Aufbau der Zahlen nur aus den Ziffern 0 und 1 heißt **Zweiersystem** oder **Dualsystem**, weil man nur zwei Ziffern benötigt und der Stellenwert sich von rechts nach links immer auf das 2fache vergrößert.

Die Stellenwerte des Dualsystems beruhen auf der Grundzahl 2.
Im Dualsystem gilt für den Stellenwert:
Der Stellenwert der
1. Stelle von rechts ist das 1 fache der Ziffer an dieser Stelle,
2. Stelle von rechts ist das 2 fache der Ziffer an dieser Stelle,
3. Stelle von rechts ist das 2^2 fache der Ziffer an dieser Stelle,
4. Stelle von rechts ist das 2^3 fache der Ziffer an dieser Stelle,

usw.

Stelle	7. Stelle	6. Stelle	5. Stelle	4. Stelle	3. Stelle	2. Stelle	1. Stelle
Wert	2^6	2^5	2^4	2^3	2^2	2^1	1
der Stelle	64	32	16	8	4	2	1

Beispiel 1: Umwandeln von der Dualschreibweise in die Dezimalschreibweise (die Ziffern der Dualzahl mit ihrem Stellenwert multiplizieren und die Produkte addieren).

$$\mathbf{11011}_2 = \mathbf{1}\cdot 16+\mathbf{1}\cdot 8+\mathbf{0}\cdot 4+\mathbf{1}\cdot 2+\mathbf{1}\cdot 1=27$$
$$\mathbf{1001011}_2 = \mathbf{1}\cdot 64+\mathbf{0}\cdot 32+\mathbf{0}\cdot 16+\mathbf{1}\cdot 8+\mathbf{0}\cdot 4+\mathbf{1}\cdot 2+\mathbf{1}\cdot 1=75$$

Beispiel 2: Umwandeln von der Dezimalschreibweise in die Dualschreibweise (die Dezimalzahl in Stellenwertzahlen des Dualsystems, beginnend mit der höchstmöglichen, zerlegen).

$$45 = \mathbf{1}\cdot 32+13 =$$
$$\mathbf{1}\cdot 32+\mathbf{0}\cdot 16+\mathbf{1}\cdot 8+5 =$$
$$\mathbf{1}\cdot 32+\mathbf{0}\cdot 16+\mathbf{1}\cdot 8+\mathbf{1}\cdot 4+\mathbf{0}\cdot 2+\mathbf{1}\cdot 1 = \mathbf{101101}_2$$

$$99 = \mathbf{1}\cdot 64+\mathbf{1}\cdot 32+\mathbf{0}\cdot 16+\mathbf{0}\cdot 8+\mathbf{0}\cdot 4+\mathbf{1}\cdot 2+\mathbf{1}\cdot 1 = \mathbf{1100011}_2$$

Aufgaben

1. Setze die Tabelle auf der gegenüberliegenden Seite bis zur 11. Stelle fort:

2. Wandle in eine Dezimalzahl um:

a) 11_2 b) $1\,011_2$ c) $10\,101_2$

d) $111\,011_2$ e) $1\,010\,101_2$ f) $10\,101\,010_2$

g) $111\,111_2$ h) $1\,111\,111\,111_2$

3. Wandle in eine Dualzahl um:

a) 5 b) 8 c) 9

d) 15 e) 23 f) 33

g) 100 h) 200

4. Im Dualsystem geht das Zusammenzählen ganz einfach. Du rechnest:

$$\begin{array}{r}0\\+\,0\\\hline 0\end{array}\qquad\begin{array}{r}0\\+\,1\\\hline 1\end{array}\qquad\begin{array}{r}1\\+\,0\\\hline 1\end{array}\qquad\begin{array}{r}1\\+\,{}_1 1\\\hline 10\end{array}$$

Beispiele:

$$\begin{array}{r}101\\+\ \ 10\\\hline 111\end{array}\qquad\begin{array}{r}1\,010\\+\ \ {}_1 11\\\hline 1\,101\end{array}\qquad\begin{array}{r}1\ 1\ 1\\+\ {}_1 1\,{}_1 0\ 1\\\hline 1\ 1\ 0\ 0\end{array}$$

a) Überprüfe die Ergebnisse der Rechnungen, indem du die Zahlen ins Zehnersystem übersetzt und dann zusammenzählst.

b) Berechne die Summen, indem du die Zahlen ins Dualsystem umschreibst und dann zusammenzählst. Überprüfe deine Ergebnisse.

$$\begin{array}{r}13\\+\ \ 5\\\hline\end{array}\qquad\begin{array}{r}45\\+\,19\\\hline\end{array}\qquad\begin{array}{r}15\\+\ \ 9\\\hline\end{array}$$

Zählen im Dualsystem

Wir zählen im Dualsystem bis 16.

$2 \cdot 2 \cdot 2 \cdot 2$	$2 \cdot 2 \cdot 2$	$2 \cdot 2$	2	1	
2^4	2^3	2^2	2^1	1	
16	8	4	2	1	
Sechzehner	**Achter**	**Vierer**	**Zweier**	**Einer**	**Zahl im Dezimalsystem**
				1	1
			1	**0**	2
			1	**1**	3
		1	**0**	**0**	4
		1	**0**	**1**	5
		1	**1**	**0**	6
		1	**1**	**1**	7
	1	**0**	**0**	**0**	8
	1	**0**	**0**	**1**	9
	1	**0**	**1**	**0**	10
	1	**0**	**1**	**1**	11
	1	**1**	**0**	**0**	12
	1	**1**	**0**	**1**	13
	1	**1**	**1**	**0**	14
	1	**1**	**1**	**1**	15
1	**0**	**0**	**0**	**0**	16

Wir untersuchen die Tabelle.

Sieh dir die Einerziffer der Dualzahlen an. Sie ist abwechselnd immer 1 oder 0.

Die Zahlen, die durch 2 teilbar sind, also die Zahlen 2, 4, 6, 8, ... heißen **gerade Zahlen**.

Du erkennst in der Dualzahl-Darstellung eine gerade Zahl daran, daß sie die Einerziffer 0 besitzt.
Im Dualsystem kannst du eine Zahl ganz einfach verdoppeln: hänge nur eine 0 an! Z. B. ist das Doppelte von 101_2 die Zahl 1010_2.

Aufgaben

1. Schreibe die angegebene Zahl und das Doppelte der Zahl im Dualsystem:

a) 3 ______ b) 4 ______ c) 7 ______

______ ______ ______

2. Woran erkennst du, ob eine Zahl im Dualsystem teilbar ist durch

a) zwei? ______

b) vier? ______

c) acht? ______

3. Zähle in der Tabelle weiter bis zur Zahl 32:

	1	**0**	**0**	**0**	**1**	17
						18
						19
						20
						21
						22
						23
						24
						25
						26
						27
						28
						29
						30
						31
						32

4. Gib die Nachfolgerzahl an:

a) 1_2 2 b) 11_2 12 c) 111_2 112 d) 1111_2 1112

e) Beschreibe, wie du allgemein die Nachfolgerzahl einer Dualzahl erhältst, die nur aus Einsern besteht:

______

Die Strichrechenarten

Die Addition

Die Rechenart, bei der zwei Zahlen durch das Pluszeichen **+** verbunden werden, heißt **Addition**.

3	+	5	=	8
1. Summand	plus	**2. Summand**	ist gleich	**Summenwert**

Der Rechenausdruck 3 + 5 heißt **Summe**.

Beispiel: Schriftliches Addieren untereinander
Die Zahlen werden spaltenweise addiert. Dabei beginnt man mit der hinteren (rechten) Spalte. Wird die Spaltensumme größer als 10, wird die Zehnerziffer als Übertrag unter die nächste linke Spalte der Summe geschrieben und in dieser Spalte hinzuaddiert.

a)
```
    4 578
  + 8 765
   1 1 1 1   (hier stehen die Überträge)
  -------
   13 343
```

b)
```
    4 578
      824
  + 7 639
   1 2 1 2   (hier stehen die Überträge)
  -------
   13 041
```

Aufgaben

1. Berechne:

a)
```
  1 234
+ 5 678
-------
  6 912
```

b)
```
  401 458
+  54 756
---------
  456 214
```

c)
```
   78 150
    7 126
+  12 045
---------
   97 321
```

d)
```
    305
  8 153
+ 4 763
-------
 13 221
```

e) $5\,208 + 14\,856$

21 064

f) $874\,508 + 99\,999$

974 507

2. Berechne:

a) $12^2 + 33^2$ b) $88^2 + 33^2$ c) $41^2 + 43^2 + 45^2$

3. Berechne:

a) Der 1. Summand ist 34. Der 2. Summand ist um die Hälfte größer als der erste. Berechne den Summenwert.

b) Berechne die Summe der ersten zehn ungeraden Zahlen:

4. Addiere zu einer beliebigen Zahl ihre Spiegelzahl, d. h. die Zahl von rückwärts gelesen. Dann addiere zum Wert der Summe die Spiegelzahl der Summe, usw. Führe das Verfahren so lange fort, bis du auf einen Summenwert kommst, der von vorn und von hinten gelesen die gleiche Zahl ergibt.

Beispiel: $57 + 75 = 132$; $132 + 231 = 363$

a) Starte mit 74

b) Starte mit 48 017

c) Starte mit 149

Rechengesetze der Addition

Beispiel 1: Wenn du 5 DM hast und dann 3 DM dazubekommst, besitzt du genauso viel, als wenn du erst 3 DM und dann 5 DM bekommen hättest. Du erhältst beidesmal die gleiche Summe: $5+3=3+5$

Wenn wir uns für 5 und 3 beliebige natürliche Zahlen vorstellen, die wir a und b nennen, so erhalten wir das

Kommutativgesetz oder **Vertauschungsgesetz**

In einer Summe dürfen die Summanden beliebig vertauscht werden.

$$\mathbf{a+b=b+a}$$

Merke dir zu jeder Regel ein Beispiel.

Beispiel 2: $5+3+7$
Diese Summe kannst du nicht auf einmal berechnen. Du kannst zuerst die Summanden 5 und 3 addieren und zu deren Summe den dritten Summanden 7 dazuzählen.
$\mathbf{5+3+7=(5+3)+7=8+7=15}$
Die Klammer **verbindet** die beiden ersten Summanden. Sie werden zuerst addiert.
Das gleiche Ergebnis erhältst du aber auch, wenn du die Summe der beiden letzten Summanden 3 und 7 zum ersten Summanden addierst.
$\mathbf{5+3+7=5+(3+7)=5+10=15}$
Die Klammer **verbindet** nun die beiden letzten Summanden. Sie werden zuerst addiert.
Es gilt: $(5+3)+7=5+(3+7)$

Schreiben wir für die Zahlen 5, 3 und 7 die Platzhalter a, b und c, so erhalten wir das

Assoziativgesetz oder **Verbindungsgesetz**:

$$\mathbf{(a+b)+c=a+(b+c)}$$

Aufgaben

1. Addiere:

a) $45+(78+12)=$ 135 b) $245+(235+176)+298=$ 854

c) $(1234+5678)+(456+9874)=$

d) $(456+4567+784)+(78+58)=$

2. Oft wird die Rechnung leichter, wenn man die Summanden geeignet vertauscht und vorteilhaft verbindet.

Beispiel: $78+145+22+55=(78+22)+(145+55)=100+200=300$

Rechne geschickt:

a) $877+456+123+333+1544=$

b) $4519789+3876953+5480211=$

3. Addiere die Summe der Zahlen 356 und 759 zur Summe der Zahlen 628 und 527:

4. Bei der folgenden Aufgabe musst du die vier Zeilen und die zwei Spalten addieren. Dann addiere die Spaltensummen und die Zeilensummen. Es muss sich die gleiche Endsumme ergeben.

75	+	4 758	=	
4 587	+	816	=	
948	+	18 457	=	
17 845	+	507	=	
	+			

5. Vertausche auf alle möglichen Arten die Summanden in der dreigliedrigen Summe $a+b+c$ (6 Möglichkeiten):

Die Subtraktion

Die Rechenart, bei der zwei Zahlen durch das Minuszeichen **–** verbunden werden, heißt **Subtraktion**.

7	–	3	=	4
Minuend	**minus**	**Subtrahend**	ist gleich	**Differenzwert**

Der Rechenausdruck 7 – 3 heißt **Differenz**.

Beispiel: Schriftliches Subtrahieren untereinander
Die Zahlen werden spaltenweise subtrahiert. Dabei beginnt man mit der hinteren (rechten) Spalte.
Ist die Ziffer, die man abziehen muss (die untere), größer als die Ziffer, von der abgezogen wird (die obere), wird die obere Ziffer um 10 vergrößert, die Zehnerziffer als Übertrag unter die nächste linke Spalte der Differenz geschrieben und in dieser Spalte zum Subtrahenden hinzuaddiert.

```
  8765
- 4578
   11    (hier stehen die Überträge)
------
  4187
```

Aufgaben

1. Berechne:

a) 91 234
  − 47 678

b) 401 458
  − 54 756

c) 78 150
  − 12 045

d) 74 508 − 9 999

e) 15 208 − 14 856

2. Der Minuend ist 52. Der Subtrahend ist nur halb so groß. Berechne den Differenzwert:

3. Überlege:

a) Wie ändert sich der Wert einer Differenz, wenn man den Minuenden und den Subtrahenden je um 2 erhöht?

4. Berechne die Differenz, deren Minuend die größte vierstellige Zahl und deren Subtrahend die Zahl 1 234 ist:

5. Subtrahiere von der kleinsten vierstelligen Zahl, bei der alle vier Ziffern verschieden sind, die größte dreistellige Zahl:

6. Berechne:

a) Um wie viel unterscheiden sich die Zahlen 56 234 576 und 34 598 768?

b) Um wie viel ist die Zahl 4 235 785 kleiner als 1 Milliarde?

Die Verbindung von Addition und Subtraktion

Beispiel: Simon verwaltet die Klassenkasse. Die Einnahmen und Ausgaben stellt er in einer Tabelle übersichtlich zusammen.

	Einnahmen	Ausgaben	Kassenbestand
1.	30 DM		30 DM
2.		23 DM	7 DM
3.	44 DM		51 DM
4.		13 DM	38 DM
5.		6 DM	**32 DM**
Gesamt	**74 DM**	**42 DM**	**32 DM**

Die Kassenbewegungen kann man als Rechenausdruck mit Plus- und Minusgliedern darstellen:
30 DM – 23 DM + 44 DM – 13 DM – 6 DM
Die Endsumme läßt sich auf zwei Arten berechnen.

1. Art:

30 DM – 23 DM + 44 DM – 13 DM – 6 DM
= 7 DM + 44 DM – 13 DM – 6 DM
= 51 DM – 13 DM – 6 DM
= 38 DM – 6 DM
= **32 DM**

Jede Einnahme und Ausgabe wird der Reihe nach abgerechnet, wie es in der letzten Spalte der Tabelle gemacht ist.

2. Art:

30 DM – 23 DM + 44 DM – 13 DM – 6 DM
= (30 DM + 44 DM) – (23 DM + 13 DM + 6 DM)
= 74 DM – 42 DM
32 DM

Von der Summe der Einnahmen (**Summe der Plusglieder**) wird die Summe der Ausgaben (**Summe der Minusglieder**) subtrahiert, wie es in der zweiten und dritten Spalte der Tabelle gemacht wird.

Aufgaben

1. Berechne auf zwei Arten (wie auf der linken Seite):

a) 31 – 25 + 34 + 24 – 57 – 4 + 9 + 23 – 11

b) 4 523 – 634 + 562 + 436

2. Berechne:

a) 24 Std. – 3 Std. 14 Min. – 2 Std. 20 Min.

b) 18,20 DM – 6,90 DM + 4,40 DM – 6,90 DM + 12,30 DM

c) 10 kg – 5 kg 175 g – 3 kg 250 g

3. Einer Kasse wurden 240 DM entnommen, dann 60 DM einbezahlt, dann 430 DM ausbezahlt und zuletzt 230 DM einbezahlt. Wie viel Geld war am Anfang in der Kasse, wenn am Ende der Kassenstand 1 350 DM betrug?

4. Auf einem Flug von München nach Los Angeles steigen in New York 83 Personen zu und 165 aus. In Los Angeles kommen 378 Fluggäste an. Wie viele Plätze waren beim Abflug in München nicht besetzt, wenn das Flugzeug 462 Plätze hat?

5. Die drei berühmten deutschen Dichter Goethe, Schiller und Lessing wurden zusammen 181 Jahre alt. Lessing starb im Jahre 1781. Goethe lebte von 1749 bis 1832. Schiller wurde 10 Jahre später als Goethe geboren und starb 1805. Wann wurde Lessing geboren?

Goethe (1749–1832)

Lessing (… – 1781)

Schiller (… –1805)

Rechenausdrücke mit +, – und Klammern

Klammern werden mit ( ), [ ] oder { } bezeichnet. Ihre Reihenfolge ist normalerweise { [( )] }.

> Klammern legen die Reihenfolge der Berechnung fest. Die Zahlen in einer Klammer werden zuerst berechnet. Sind Klammern geschachtelt, muss man beim Rechnen mit der innersten beginnen.

Beispiel 1: (55 + 27) – (49 – 36)

Gliederung: Der Ausdruck ist eine Differenz. Der Minuend ist die Summe der Zahlen 55 und 27, der Subtrahend ist die Differenz der Zahlen 49 und 36.

Klammern zuerst!

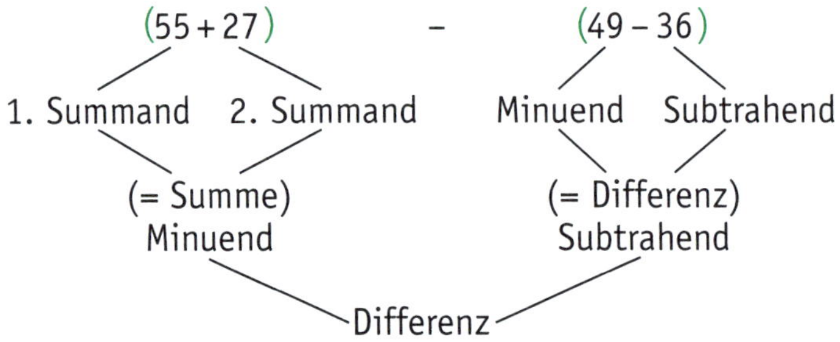

Wortform: Subtrahiere von der Summe der Zahlen 55 und 27 die Differenz der Zahlen 49 und 36.

Beispiel 2: 1342 – [125 + (2123 – 1602)]

Gliederung:

Innere Klammern zuerst!

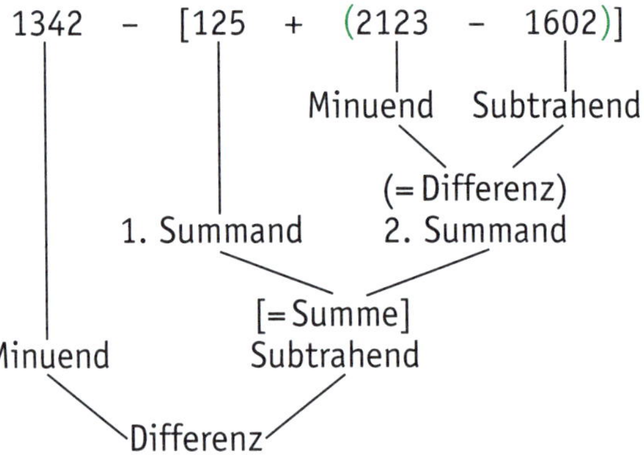

Aufgaben

1. Berechne den Ausdruck aus Beispiel 2:

2. Addiere zur Differenz von 354 und 123 die Summe von 456 und 254:

3. Subtrahiere von der Summe der Zahlen 234 und 266 die Summe der Zahlen 111 und 99:

4. Subtrahiere die Differenz aus 999 und der Summe der Zahlen 65 und 35 von der Summe der Zahlen 777 und 222:

5. Gib die Gliederung und die Wortform an und berechne das Ergebnis:

a) (987 − 456) − (123 + 321)

b) [(245 + 234) − 313] − (195 − 117)

6. Der gesuchte Rechenausdruck ist eine Differenz. Dabei ist der Subtrahend die Differenz der Zahlen 8 965 und 3 689. Der Minuend ist die Summe aus der größten vierstelligen Zahl und 2 734. Berechne den Rechenausdruck:

Die Punktrechenarten

Die Multiplikation

Die Rechenart, bei der zwei Zahlen durch den Malpunkt · verbunden werden, heißt **Multiplikation**.

3	·	5	=	15
1. Faktor	mal	**2. Faktor**	ist gleich	**Produktwert**

Der Rechenausdruck $3 \cdot 5$ heißt **Produkt**.

Man kann ein Produkt als Summe schreiben:

$\mathbf{3 \cdot 5} = 5 + 5 + 5 = 15$
$\mathbf{5 \cdot 3} = 3 + 3 + 3 + 3 + 3 = 15$

Wie bei der Addition gilt auch für die Multiplikation das

Kommutativgesetz

In einem Produkt dürfen die Faktoren vertauscht werden:

$$\mathbf{3 \cdot 5 = 5 \cdot 3}$$
$$\mathbf{a \cdot b = b \cdot a}$$

Zur Berechnung eines Produktes mit mehreren Faktoren kann man Klammern verwenden:

$3 \cdot 5 \cdot 4 = \mathbf{(3 \cdot 5) \cdot 4} = 15 \cdot 4 = 60$
$3 \cdot 5 \cdot 4 = \mathbf{3 \cdot (5 \cdot 4)} = 3 \cdot 20 = 60$

Wie bei der Addition gilt auch für die Multiplikation das

Assoziativgesetz

In einem Produkt darf man die Faktoren beliebig durch Klammern verbinden:

$$\mathbf{(3 \cdot 5) \cdot 4 = 3 \cdot (5 \cdot 4)}$$
$$\mathbf{(a \cdot b) \cdot c = a \cdot (b \cdot c)}$$

Aufgaben

1. Multiplikation mit Stufenzahlen:

a) Multipliziere 23 mit 10 (100, 1 000).

b) Formuliere eine Regel, wie man eine Zahl mit 10 (100, 1 000, usw.) multipliziert.

2. Schreibe als Produkt und berechne:

$9+9+9+9+9+9+9$

3. Berechne geschickt im Kopf:

a) $2 \cdot 7 \cdot 5$ b) $5 \cdot 3 \cdot 6 \cdot 5 \cdot 4$ c) $25 \cdot 45 \cdot 4$

d) $8 \cdot 9 \cdot 125$ e) $24 \cdot 7 \cdot 125$

4. Wie ändert sich der Wert eines Produkts, wenn man

a) den 1. Faktor verdoppelt?

b) den 2. Faktor verdoppelt?

c) den 1. Faktor und den 2. Faktor verdoppelt?

5. Der Mathematiker Gauß hat die Summe der ersten 100 Zahlen ganz raffiniert berechnet. Pass auf!

$1+2+3+\ldots+98+99+100$ hier stehen 100 Summanden
$=(1+100)+(2+99)+(3+98)+\ldots+(50+51)$ hier stehen 50 Summanden
$=101+101+101+\ldots+101$ hier steht 50-mal die Zahl 101
$=101 \cdot 50=5\,050$

Berechne ebenso raffiniert:

a) $1+2+3+\ldots+18+19+20$

b) $21+22+23+\ldots+48+49+50$

c) $1+2+3+\ldots+998+999+1\,000$

Das Distributivgesetz zum Kopfrechnen

Das „mittlere“ Einmaleins reicht von $1 \cdot 11$ bis $9 \cdot 19$. Wie rechnest du $8 \cdot 17$? Du rechnest wahrscheinlich $8 \cdot 10 = 80$, $8 \cdot 7 = 56$, ergibt zusammen 136.

$8 \cdot 17 = \mathbf{8 \cdot (10 + 7) = 8 \cdot 10 + 8 \cdot 7} = 80 + 56 = 136$

Dahinter steckt ein allgemeines Gesetz, nämlich das

Verteilungsgesetz oder **Distributivgesetz für die Summe**

$$\mathbf{8 \cdot (10+7) = 8 \cdot 10 + 8 \cdot 7}$$
$$\mathbf{a \cdot (b + c) = a \cdot b + a \cdot c}$$

Schau noch mal den Ausdruck $\mathbf{8 \cdot 10 + 8 \cdot 7}$ an. Vor der zweiten 8 steht das Strichrechenzeichen +, dahinter das Punktrechenzeichen ·. Soll man nun diese 8 zu 10 addieren oder mit 7 multiplizieren? Man muss immer zuerst die Multiplikation durchführen, so wie wir es gemacht haben!

Die Multiplikation hat Vorrang.
Punktrechnung vor Strichrechnung!

Wie rechnet man im Kopf $35 \cdot 98$? Ähnlich wie oben.
$35 \cdot 98 = \mathbf{35 \cdot (100 - 2) = 35 \cdot 100 - 2 \cdot 35} = 3\,500 - 70 = 3\,430$

Distributivgesetz für die Differenz

$$\mathbf{35 \cdot (100 - 2) = 35 \cdot 100 - 2 \cdot 35}$$
$$\mathbf{a \cdot (b - c) = a \cdot b - a \cdot c}$$

Manchmal verwendet man die Distributivgesetze auch rückwärts, d.h., man beginnt auf der rechten Seite.

$3 \cdot 83 + 7 \cdot 83 = 83 \cdot 3 + 83 \cdot 7$ (Vertauschungsgesetz der Multiplikation)
$= 83 \cdot (3 + 7)$ (Distributivgesetz für die Summe)
$= 83 \cdot 10$
$= 830$

Aufgaben

1. Berechne mit dem Distributivgesetz. Rechne im Kopf:

a) $9 \cdot 18$ ______ b) $7 \cdot 18 + 2 \cdot 18$ ______

c) $32 \cdot 73 + 32 \cdot 27$ ______ d) $9 \cdot 75 + 75$ ______

e) $55 \cdot 97$ ______ f) $45 \cdot 102$ ______

2. Das große Einmaleins reicht von $11 \cdot 11$ bis $19 \cdot 19$. Wie kann man **$19 \cdot 16$** berechnen?

Möglichkeit 1:

$19 \cdot 16 = (20 - 1) \cdot 16$
$= 20 \cdot 16 - 16$
$= 320 - 16 = 304$

Möglichkeit 2:

$19 \cdot 16 = 19 \cdot (10 + 6)$
$= 19 \cdot 10 + 19 \cdot 6$
$= 190 + 114 = 304$

Möglichkeit 3:

$19 \cdot 16 = 19 \cdot (10 + 6) = 19 \cdot 10 + 19 \cdot 6 = 19 \cdot 10 + (10 + 9) \cdot 6$
$= 19 \cdot 10 + 10 \cdot 6 + 9 \cdot 6 = 19 \cdot 10 + 6 \cdot 10 + 9 \cdot 6$
$= \mathbf{(19 + 6) \cdot 10 + 9 \cdot 6} = 25 \cdot 10 + 54 = 250 + 54 = 304$

Das Fettgedruckte zeigt dir, wie du $19 \cdot 16$ berechnen kannst.

Der Rechentrick
1. Zähle zum ersten Faktor die Einer des zweiten Faktors: $19 + 6 = 25$
2. Vervielfache die Summe mit 10; man erhält 250.
3. Zähle das Produkt der Einer dazu: $250 + 9 \cdot 6 = 250 + 54 = 304$

So kannst du mit Leichtigkeit das große Einmaleins im Kopf berechnen!
Studiere die weiteren Beispiele.

$14 \cdot 17 = (14 + 7) \cdot 10 + 4 \cdot 7 = 210 + 28 = 238$
$11 \cdot 18 = (11 + 8) \cdot 10 + 1 \cdot 8 = 190 + 8 = 198$

Im letzten Beispiel hätte man natürlich auch so rechnen können:
$11 \cdot 18 = (10 + 1) \cdot 18 = 10 \cdot 18 + 1 \cdot 18 = 198$

Übe das Kopfrechnen mit dem großen Einmaleins.
Berechne $12 \cdot 16$, $13 \cdot 17$, $19 \cdot 14$. Übe selbstgewählte Beispiele.

Die schriftliche Multiplikation

Beispiel 1: $123 \cdot 45 = 123 \cdot (40 + 5) = 123 \cdot 40 + 123 \cdot 5$
$= 4920 + 615 = 5535$
Bei dieser Rechnung haben wir das Distributivgesetz verwendet.

Wir schreiben:

$$\begin{array}{l}
\underline{123 \cdot 45} \\
123 \cdot 40 = 4920 \\
\underline{123 \cdot 5 = 615} \\
5535
\end{array}$$

Kurzform:

$$\begin{array}{r}
\underline{123 \cdot 45} \\
4920 \\
\underline{615} \\
5535
\end{array}$$

Man kann auch die Reihenfolge der Schritte ändern und mit den Einern beginnen (Kommutativgesetz der Addition):

$$\begin{array}{r}
\underline{123 \cdot 45} \\
615 \\
\underline{492} \\
5535
\end{array}$$

Unter diejenige Ziffer des 2. Faktors, mit der du gerade den 1. Faktor multiplizierst, schreibst du, rechts beginnend, dein Ergebnis.

Beispiel 2: Wir berechnen $324 \cdot 532$

Überschlag zur Kontrolle: $300 \cdot 600 = 180\,000$

Rechnung:

$$\begin{array}{r}
\underline{324 \cdot 532} \\
1620 \\
972 \\
\underline{648} \\
172368
\end{array}$$

Aufgaben

1. Multipliziere schriftlich. Jedes Ergebnis hat eine Besonderheit!

a) 823 · 15 12345 b) 271 · 41 11111 c) 953 · 57 54321

d) 353 · 91 32123 e) 13 837 · 730 10101010

f) 481 · 231 111 111 g) 3 803 · 32 463 138735689

h) 4 119 345 674 893 · 2997

2. Berechne:

104 · 5735 – [130 · 130 – (1751 – 968) · 5] · 40

3. Herr Fleißig fährt zu seiner 15 km entfernten Arbeitsstelle mit dem Auto.

a) Wie viele Kilometer verfährt Herr Fleißig im Jahr auf dem Weg zur Arbeit, wenn er an 220 Tagen arbeitet?

3300

b) Berechne, wie viel Liter Benzin Herr Fleißig pro Jahr durchschnittlich auf dem Weg zur Arbeit verfährt, wenn sein Auto 6 Liter pro 100 km braucht.

198

4. Prüfe an deinem Puls nach, wie viele Herzschläge du in einer Minute hast. Berechne, wie viele du dann an einem Tag und in einem Jahr (365 Tage) hast.

5. Wie hat Hans hier multipliziert?

```
2 351 · 417
-----------
  9404
     357
      51
    161
   23
-----------
  980367
```

Warum ist das Ergebnis richtig?

Die Division

Die Rechenart, bei der zwei Zahlen durch das Geteiltzeichen **:** verbunden werden, heißt Division.

15	:	5	=	3
Dividend	geteilt durch	**Divisor**	ist gleich	**Quotientwert**

Der Rechenausdruck 15 : 5 heißt **Quotient**.

Beispiel 1: 7 + 15 : 5 = 7 + 3 = 10

Auch für die Division gilt:

Punktrechnung vor Strichrechnung!

Beispiel 2: Teilung mit Rest

Die Division 17 : 5 geht nicht auf. Man schreibt

17 : 5 = 3 Rest 2 oder 17 : 5 = 3 + 2 : 5

Beispiel 3: Schriftliches Dividieren

Mathematix hat wie folgt gerechnet. Überprüfe beide Aufgaben.

```
a)  9 3 6 : 4 = 2 3 4        b) 1 0 8 1 5 : 2 3 = 4 7 0 Rest 5
  - 8                           -   9 2
    1 3                               1 6 1
  - 1 2                             - 1 6 1
      1 6                                 5
    - 1 6                               - 0
        0                                 5
```

Überschlagsrechnung zu a): 1 000 : 4 = 250

Überschlagsrechnung zu b): 10 000 : 20 = 500

Aufgaben

1. Alle Divisionen gehen auf. Berechne:

a) 1 232 : 22 b) 3 002 : 38

c) 9 717 : 79 d) 403 200 : 56

2. Beispiel:

Wie viel ganze Minuten (min) und Sekunden (s) sind 1935 Sekunden?

```
  1 9 3 5 : 6 0 = 3 2      Rest 15
- 1 8 0
  -----
    1 3 5
  - 1 2 0
    -----
      1 5                  Ergebnis: 1935 s = 32 min 15 s
```

Wandle ebenso in gemischte Einheiten um:
Tage (d), Stunden (h), Minuten (min), Sekunden (s)

a) 2 345 s (min, s) b) 865 min (h, min)

c) 5 678 s (h, min, s) d) 2 100 min (d, h)

e) 10 080 min (d) f) 1 501 min (d, h, min)

3. Denk dir zwei verschiedene dreiziffrige Zahlen. Bilde daraus zwei sechsziffrige Zahlen, indem du die erste gedachte Zahl einmal vor und einmal hinter die zweite gedachte Zahl setzt. Dann subtrahiere die kleinere sechsstellige Zahl von der größeren und dividiere das Ergebnis durch die Differenz der gedachten Zahlen.

Beispiel:	Ich wähle 123 und 500. Ihre Differenz ist 377.
Weiter rechne ich:	500 123 – 123 500 = 376 623
Dann ist:	376 623 : 377= 999

Rechne selbst mehrere Beispiele durch. Welche überraschende Beobachtung machst du?

4. Denk dir drei verschiedene Ziffern. Bilde aus je zweien eine zweiziffrige Zahl. Addiere alle sechs zweistelligen Zahlen, die du bilden kannst. Dann teile das Ergebnis durch die Summe der drei Ziffern. Was erhältst du? Rechne mehrere Beispiele durch. Was beobachtest du?

Gleichungen

Rechenterme mit + , – , · und :

Ein Rechenausdruck wird in der Mathematik **Term** genannt. Beim Ausrechnen müssen die Rechenschritte in der richtigen Reihenfolge ausgeführt werden. Dabei musst du folgende Regeln beachten.

Reihenfolge der Berechnung

1. Was in Klammern steht, wird zuerst berechnet.
2. Sind mehrere Klammern geschachtelt, so beginne mit der inneren Klammer.
3. Punktrechnungen werden vor Strichrechnungen ausgeführt.

Beispiel: $(52\,490 + 52\,510) : 150 - 50 \cdot (121 - 110)$

Gliederung: Der Term ist eine Differenz. Ihr Minuend ist ein Quotient, dessen Dividend die Summe der Zahlen 52 490 und 52 510 ist, und dessen Divisor die Zahl 150 ist. Der Subtrahend ist ein Produkt, dessen erster Faktor die Zahl 50 und dessen zweiter Faktor die Differenz der Zahlen 121 und 110 ist.

Wortform: Dividiere die Summe der Zahlen 52 490 und 52 510 durch die Zahl 150 und subtrahiere vom Quotientwert das Produkt aus der Zahl 50 und der Differenz von 121 und 110.

Rechnung:

$$\begin{aligned} & (52\,490 + 52\,510) : 150 - 50 \cdot (121 - 110) && \text{(als erstes die Klammern)} \\ = {} & 105\,000 : 150 - 50 \cdot 11 && \text{(dann die Punktrechnungen)} \\ = {} & 700 - 550 && \text{(zuletzt die Strichrechnung)} \\ = {} & 150 \end{aligned}$$

Aufgaben

1. Berechne und gib an, ob der Term eine Summe, eine Differenz, ein Quotient oder ein Produkt ist:

a) $121 : 11 - 1$

b) $(25 + 35) : 12$

c) $(6 + 9) \cdot (5 - 3) + 70$

d) $123 - 23 \cdot (15 : 3)$

e) $(6\,888 : 56 - 23) + (20\,826 : 234 + 11)$

2. Berechne folgenden Term:

$[(23\,718 : 67 - 48) : 17] \cdot (342 - 187) - 2690$

3. Berechne den Wert des Quotienten, dessen Dividend die Summe aus 5 288 und dem Produkt von 225 und 16 ist, und dessen Divisor die Differenz der Zahlen 3 586 und 2 475 ist.
   Bilde den Gesamtterm und berechne ihn:

4. Bilde die Summe aus dem Produkt der Zahlen 102 und 155 und dem Quotienten der Zahlen 75 420 und 18 und subtrahiere den Wert der Summe von der doppelten Differenz der Zahlen 19 105 und 9 055.
   Bilde den Gesamtterm und berechne ihn:

5. Addiere zum Quotienten der Zahlen 144 und 9 das Produkt der Zahlen 47 und 4 und dividiere das Ergebnis durch 12.
   Bilde den Gesamtterm und berechne ihn:

Besonderheiten beim Rechnen mit 0

Was ist $3 \cdot 0$?

Du weißt es sicher: $3 \cdot 0 = 0$. Wie kann man das begründen?
Fassen wir das Produkt als Summe auf, so haben wir die Begründung:
$3 \cdot 0 = 0 + 0 + 0 = 0$

Multiplikation mit Null

Für alle natürlichen Zahlen a gilt: $a \cdot 0 = 0$

Was ist $12 : 4$?

Natürlich 3. Wir überprüfen das Ergebnis mit der

Multiplikationsprobe:

Multipliziert man den Divisor mit dem Quotientwert, so erhält man den Dividenden: $4 \cdot 3 = 12$

Was ist $0 : 4$?

$0 : 4 = 0$. Wir führen die Multiplikationsprobe durch: $0 \cdot 4 = 0$. Stimmt.

Division von Null

Für alle natürlichen Zahlen a gilt: $0 : a = 0$

Was ist $5 : 0$?

Nullix behauptet, $5 : 0$ sei 5. Dagegen meint Weißnix, $5 : 0$ sei 0. Da kommt Mathematix als Schiedsrichter. Er spricht: Machen wir doch die Multiplikationsprobe. Im Falle von Nullix ergibt die Probe $5 \cdot 0 = 0$. Es müsste aber der Dividend 5 rauskommen. Also hat Nullix nicht recht! Die Probe für die Aussage von Weißnix lautet: $0 \cdot 0 = 0$. Es müsste hier ebenso 5 rauskommen. Auch falsch.
Also hat keiner recht! Bei der Division durch 0 kann man keinen Quotientwert finden, mit dem die Multiplikationsprobe erfüllt wäre.

Division durch Null

Die Division durch Null ist nicht ausführbar.

Aufgaben

1. Gibt es Differenzen, bei denen man Minuend und Subtrahend vertauschen kann, ohne dass sich das Ergebnis ändert? Was ergibt sich stets als Differenzwert?

2. Gibt es Quotienten, bei denen man Dividend und Divisor vertauschen kann, ohne dass sich das Ergebnis ändert? Was ergibt sich stets als Quotientwert?

3. Berechne und mache die Probe:

a) 123 + 456 b) 999 − 654

c) 110 889 : 111 d) 123 · 456

4. Bestimme die fehlenden Ziffern:

a)
```
   □ 7 2 □
 + 3 □ □ 1
 ---------
   5 9 8 9
```

b)
```
   8 □ □ 2
 − □ 3 5 □
 ---------
   4 1 5 1
```

c)
```
 □ □ □ · 5 3 8
 -------------
 □ □ □
   2 2 0 2
     □ □ □ □
 -------------
 □ □ □ □ □ □
```

d)
```
□ □ □ □ □ □ : □ 6 □ = □ □ 5 □
□ □ □
-----
3 1 2 □
□ 9 2 0
-------
  □ □ 8 0
  1 8 2 □
  -------
    2 □ 5 □
    □ □ □ □
    -------
          0
```

Einfache Gleichungsumformungen

Textaufgaben entstehen aus kleinen Rätselgeschichten. In der Bildgeschichte oben vertreibt sich Jörg die Zeit damit, für seinen Freund Frank eine Zahl in ein Rätsel einzupacken. Lies nach!
Während der Rätselsteller Jörg es ganz leicht hat, denn er verdoppelt einfach seine Rätselzahl und zählt 50 dazu, hat Zuhörer Frank ein Problem: Er kann nicht losrechnen, weil er keine Zahl hat.
Es bleibt ihm nichts anderes übrig, als sich zu merken, was Jörg nacheinander mit seiner Rätselzahl angefangen hat.

Am Ende hat Frank eine **Gleichung** im Kopf:

24

$$2x + 50 = 98.$$

Dabei bedeutet die Unbekannte x die gesuchte Zahl.

Tipp für die **Lösung von Gleichungen**: Lies die Bildgeschichte vom letzten bis zum ersten Bild und mache alle Rechnungen rückgängig.

Frank legt los, indem er schrittweise alle Rechnungen von Jörg rückgängig macht. Im letzten Schritt wurden 50 addiert, also müssen 50 abgezogen werden.

$$2x = 98 - 50 = 48$$

Dies ist die verdoppelte Ausgangszahl, also muss durch 2 dividiert werden.

$$x = 48 : 2 = 24$$

Die gesuchte Zahl ist 24.

Aufgaben

1. Löse die folgenden Gleichungen:

a) $x + 19 = 50$ b) $15x = 105$ c) $12 - x = 5$

31 7

d) $x : 5 = 20$ e) $x - 30 = 30$ f) $2x = 70$

4 60 35

2. Welche Zahl muss man zur Differenz der Zahlen 8 349 und 2 560 addieren, um die Zahl 11 111 zu erhalten? Stelle eine Gleichung auf und löse sie:

3. Welche Zahl muss man zum Produkt der Zahlen 108 und 209 addieren, um das Produkt der Zahlen 1 531 und 15 zu erhalten?
Stelle eine Gleichung auf und löse sie:

4. Ich denke mir eine Zahl, die ich mit 9 multipliziere. Wenn ich vom Ergebnis 17 subtrahiere, erhalte ich 100. Wie heißt die Zahl?

5. Formuliere zur Gleichung $10x + 50 = 120$ ein Zahlenrätsel und löse es:

6. Stelle selbst Zahlenrätsel auf:

Gleichungen mit x

Stell dir vor, du gehst zum Markt und kaufst Melonen. Zuerst 2 Melonen aus der Türkei, dann noch 1 Melone aus Israel und schließlich 3 Melonen aus Italien. Wie viele Melonen hast du? Ganz klar: 6 Melonen.

Und nun wird es schwierig: $2x + x + 3x = 120$. Siehst du den Zusammenhang mit der leichten Melonen-Aufgabe?

Wenn dir **x** Angst macht, denke in Melonen um!

Lösung:	$2x + x + 3x = 120$	Denke in Melonen um.
	$6x = 120$	Zähle die Melonen zusammen.
	$x = 120 : 6 = 20$	

Versuche bei schwierigen Gleichungen **eine vergleichbare Gleichungszeile mit einfachen Zahlen** zu finden.

Beispiel: Löse die Gleichung $15\,000 - (4\,678 + x) = 1\,111$
Das Vergleichsbeispiel ist mit kleinen Zahlen gemacht. Damit kannst du leicht rechnen. Dieselben Schritte kann man dann in der schwierigen Gleichung durchführen.

	Vergleichsbeispiel mit kleinen Zahlen:
$15\,000 - (4\,678 + x) = 1111$	$12 - (1 + x) = 8$
$4\,678 + x = 15\,000 - 1111$	$1 + x = 12 - 8$
$4\,678 + x = 13\,889$	$1 + x = 4$
$x = 13\,889 - 4\,678$	$x = 4 - 1$
$x = 9\,211$	$x = 3$

Aufgaben

1. 3 Äpfel und 5 Äpfel und 7 Äpfel kosten 7,50 DM. Was kostet 1 Apfel?
   x-Ansatz zur Lösung.

2. $3x + 5x + 7x = 30$. Erfinde zur Gleichung eine Textaufgabe:

3. a) $5 - x = x + 3$ b) $100 - 3x = 5x - 20$ c) $100 + 3x - 5x = 3x$

4. Rechne die ähnliche Gleichung mit einfachen Zahlen.

Eine Gleichung mit kleinen Zahlen:

$1000 - (200 + 7x) = 700 - 2x$	$10 - (2 + 3x) = 7 - 2x$
$1000 - 700 = (200 + 7x) - 2x$	
$300 = 200 + 7x - 2x$	
$100 = 5x$	
$x = 20$	

Maßzahlen

Längenmaße

Die Festlegung von Längenmaßen ist willkürlich. Unsere moderne Längeneinheit, das Meter, ist eine Erfindung im Auftrage des französischen Kaisers Napoleon Bonaparte. Eine Kommission von Wissenschaftlern, die in seinem Auftrag arbeitete, legte 1799 fest:
„1 m ist der 40millionste Teil des äquatorialen Erdumfangs."
Ferner empfahl die Kommission, Bruchteile und Vielfache des Meters mit Hilfe von Stufenzahlen festzulegen.

Umrechnungtabelle der Längenmaße

1 m	= 10 dm	= 100 cm	= 1000 mm
1 dm	= 10 cm	= 100 mm	
1 cm	= 10 mm		
1 km	= 1000 m		

Beispiel 1:
a) 1 m 8 cm = 100 cm + 8 cm = 108 cm = 1080 mm
b) 4 565 mm = 456 cm 5 mm = 45 dm 6 cm 5 mm = 4 m 5 dm 6 cm 5 mm

Beispiel 2: Ein Auto wird für die Fahrt zur Arbeit verwendet. Täglich müssen 28 km zum Arbeitsplatz zurückgelegt werden. Der km-Zähler zeigt 51 520 km. Wie vielen Fahrten zum Arbeitsplatz entspricht das?

Anzahl der Fahrten = 51 520 km : (2 · 28 km) = 51 520 km : 56 km = 920

Interessante Entfernungen

Erdradius =	6 370 km
Erdumfang =	40 000 km
Entfernung Erde zur Sonne =	150 000 000 km
Wegstrecke bei 1 h Wandern =	5 km
Wegstrecke bei 1 h Radfahren =	15 km

Aufgaben

1. Berechne die folgenden Terme. Wandle zuerst die Größen auf eine gemeinsame Einheit um:

a) 3 m 8 dm + 4 m 35 cm

b) 6 m 8 dm 7 cm + 3 m 17 cm

c) 10 m 30 cm – 6 m 45 cm

d) 5 m 45 cm – 6 m 30 cm + 3 m

2. Ein Flugkapitän erzählt stolz, dass er während seiner Laufbahn 331-mal die Erde umrundet hat. Wie viele Kilometer ist er geflogen?

Zerlege lange Textaufgaben, wie die nächste Übung, in eine Liste von Schritten.

3. Das Space Shuttle benötigt für eine Erdumrundung nur eineinhalb Stunden. Wegen einer Flughöhe von 150 km über der Erde ist die Umlaufbahn um 1 000 km länger als der Erdumfang. Welche Strecke hat die Mannschaft zurückgelegt, wenn sie nach 48 Stunden wieder landet?

Erdumfang = km

Umlaufbahn = km

Umrundungen =

Strecke =

Flächenmaße

Der Flächeninhalt eines Quadrats mit der Seitenlänge 1 m ist 1 m^2.

Eine Zusammensetzung von **Maßzahl und Einheit** heißt **Größe**.

Beispiel 1: Die Größe 2 m^2 besteht aus Maßzahl 2 und Einheit m^2.

Umrechnungstabelle für Flächenmaße

1 m^2	= 100 dm^2	= 10 000 cm^2	= 1 000 000 mm^2
1 dm^2	= 100 cm^2	= 10 000 mm^2	
1 cm^2	= 100 mm^2		

Umwandlung von Flächengrößen

In die **nächstkleinere Einheit** durch Multiplikation	Maßzahl · 100
In die **nächstgrößere Einheit** durch Division	Maßzahl : 100

Beispiel 2: Wandle 200 dm^2 in m^2 und mm^2 um.
Rechne: 200 : 100 = 2, also 200 dm^2 = 2 m^2
Rechne: 200 · 100 = 20 000, also 200 dm^2 = 20 000 cm^2 = 2 000 000 mm^2

Beispiel 3: Wandle 2 m^2 15 dm^2 in cm^2 um.
Rechne: 2 m^2 15 dm^2= 20 000 cm^2 + 1 500 cm^2= 21 500 cm^2

Beispiel 4: Zerlege 45 6738 cm^2 in größere Einheiten.
Rechne: 456 738 cm^2= 4 567 dm^2 38 cm^2= 45 m^2 67 dm^2 38 cm^2

Umrechnungstabelle für die großen Flächenmaße

1 km^2	= 100 ha	= 10 000 a	= 1 000 000 m^2
1 ha (Hektar)	= 100 a	= 10 000 m^2	
1 a (Ar)	= 100 m^2		

Beispiel 5: Wandle 2 ha 80 a 45 m^2 in m^2 um.
Rechne: 2 ha 80 a 45 m^2 = 20 000 m^2 + 8 000 m^2 + 45 m^2 = 28 045 m^2

Aufgaben

1. Wandle in die kleinste Einheit um:

a) 1 m^2 1 dm^2 20 cm^2 ______ cm^2

b) 20 m^2 120 dm^2 80 cm^2 ______ cm^2

2. Zerlege in größere Einheiten:

a) 250 000 cm^2 ______ m^2 ______ dm^2 ______ cm^2

b) 2 500 000 cm^2 ______ m^2 ______ dm^2 ______ cm^2

c) 450 360 cm^2 ______ m^2 ______ dm^2 ______ cm^2

d) 34 600 cm^2 ______ m^2 ______ dm^2 ______ cm^2

3. Der Kontinent Australien hat 7 680 000 km^2 und 15 360 000 Einwohner. Der Kontinent Europa hat 10 500 000 km^2 und 703 500 000 Einwohner. Berechne die Anzahl der Einwohner pro km^2 in den beiden Kontinenten:

Australien EW pro km^2 ______

Europa EW pro km^2 ______

4. Die Zeichnung zeigt den Grundriss eines Gartenhauses. Wieviel Quadratmeter Fläche hat es? Miss die Fläche durch Einzeichnen von Quadratmeterflächen aus (1 cm entspricht 1 m):

Das Gartenhaus hat ______ m^2

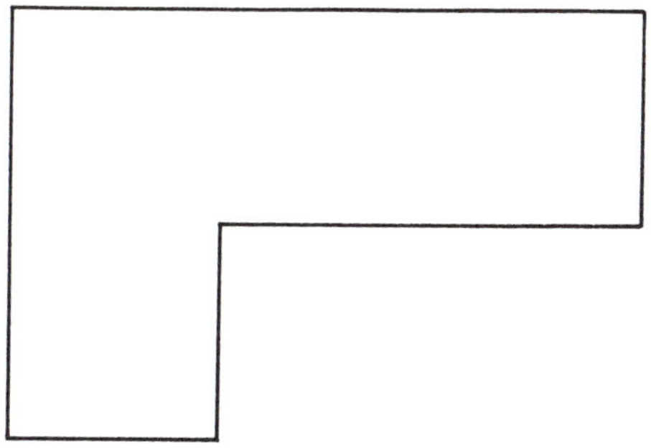

Volumenmaße

Das Volumen eines Würfels mit der Kantenlänge 1 m ist 1 m^3.

Umrechnungstabelle für metrische Volumenmaße

1 m^3	= 1 000 dm^3	= 1 000 000 cm^3	= 1 000 000 000 mm^3
1 dm^3	= 1 000 cm^3	= 1 000 000 mm^3	
1 cm^3	= 1 000 mm^3		

Umwandlung von Volumenmaßen

In die **nächstkleinere Einheit** durch Multiplikation	Maßzahl · 1 000
In die **nächstgrößere Einheit** durch Division	Maßzahl : 1 000

Beispiel 1:

a) 9 m^3 300 dm^3 = 9 300 dm^3 = 9 300 000 cm^3
b) 80 350 cm^3 = 80 dm^3 + 350 cm^3 = 80 dm^3 3 350 cm^3
c) 2 507 089 cm^3 = 2 m^3 + 507 dm^3 + 89 cm^3 = 2 m^3 507 dm^3 89 cm^3

Gelegentlich wird das **Volumenmaß** auch als **Hohlmaß** bezeichnet. Das ist immer dann der Fall, wenn das Volumen von Flüssigkeiten bestimmt werden soll. Flüssigkeiten werden häufig mit dem Maß Liter gemessen.

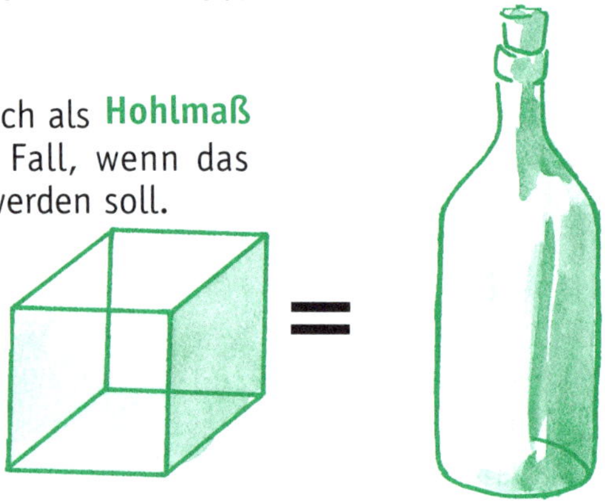

Umrechnungstabelle Hohlmaße in Volumenmaße

1 Liter (1 l)		= 1 dm^3
1 Hektoliter (1 hl)	= 100 l	= 100 dm^3
1 Centiliter (1 cl)	= ein hunderstel l	= 10 cm^3
1 Milliliter (1 ml)	= ein tausendstel l	= 1 cm^3

Beispiel 2:

a) 152 dm^3 = 100 l + 52 l = 1 hl 52 l
b) 1 870 l = 1 000 l + 870 l = 1 m^3 870 dm^3

Aufgaben

1. Wandle in die kleinste Einheit um:

a) $1\,m^3\ 1\,dm^3\ 200\,cm^3$ ______ cm^3

b) $20\,m^3\ 1200\,dm^3\ 80\,cm^3$ ______ cm^3

2. Zerlege in größere Einheiten:

a) $250\,950\,cm^3$ ______ dm^3 ______ cm^3

b) $450\,360\,cm^3$ ______ dm^3 ______ cm^3

c) $3\,400\,650\,mm^3$ ______ dm^3 ______ cm^3 ______ mm^3

3. Rechne Hohlmaße in Volumenmaße um:

	Hohlmaß	Volumenmaß		Hohlmaß	Volumenmaß
a)	50 l	______ dm^3	c)	1 l 25 cl	______ cm^3
b)	2 hl 10 l	______ dm^3	d)	3 cl 45 ml	______ cm^3

4. Rechne Volumenmaße in Hohlmaße um:

	Volumenmaß	Hohlmaß
a)	$2\,m^3\ 35\,dm^3$	______ hl ______ l
b)	$2\,dm^3\ 10\,cm^3$	______ ml
c)	$3\,m^3\ 850\,dm^3$	______ cl

5. In Italien wird Wein auch in Tetrapaks zu 8 l verkauft. Wie viele Tetrapaks kann man aus $1\,m^3$ Wein füllen?

______

______

Masse und Gewicht

Masse ist ein Maß für Materiemenge. Die Einheit für Masse ist das Kilogramm.

Man legt fest: 1 Liter Wasser hat bei 4 Grad Celsius eine **Masse von 1 kg**.

Für die Bestimmung der Masse eines Gegenstandes verwendet man am einfachsten eine Balkenwaage. Auf der Waagschale der rechten Seite liegen geeichte Wägestücke. In der Umgangssprache spricht man von Gewicht.

Beispiel 1: Die Balkenwaage ist ausgeglichen, wenn ein 500 g, zwei 100 g und drei 50 g Stücke in der rechten Waagschale liegen.
Welche Masse m hat die Ware?

Zähle die Massen der Eichstücke zusammen.

$m = 500\,g + 2 \cdot 100\,g + 3 \cdot 50\,g$
$= 850\,g$

Umrechnungstabelle für metrische Massenmaße

1 µg	= 1 Mikrogramm	= 1 millionstel Gramm
1 mg	= 1 Milligramm	= 1 tausendstel g
1 g	= 1 Gramm	= 1 000 mg
1 kg	= 1 Kilogramm	= 1 000 g
1 t	= 1 Tonne	= 1 000 kg
1 kT	= 1 Kilotonne	= 1 000 t
1 MT	= 1 Megatonne	= 1 000 000 t

Umrechnungstabelle für ältere, aber übliche Massenmaße

2 Pfund	= 1 kg	
1 ztr	= 1 Zentner	= 50 kg
1 dz	= 1 Doppelzentner	= 100 kg

Beispiel 2:

a) Schreibe in g und t: 4 500 kg = 4 500 000 g = 4 t 500 kg
b) Schreibe in g: 4 kg 50 g = 4 050 g
c) Rechne um in kg: 8 t 540 kg 3 000g = 8 000 kg + 540 kg + 3 kg = 8 543 kg

Aufgaben

1. Ein Lastwagen wiegt 12 t und kann 4,5 t zuladen. Wie viel wiegt der voll beladene Laster? Berechne die Lösung und drücke sie in den angegebenen Einheiten aus:

   ____ t ____ dz ____ ztr ____ kg

2. Das Gewicht der Verpackung heißt **Tara**. Das Gewicht ohne Verpackung heißt Nettogewicht. Für das Bruttogewicht gilt die Formel:
   Bruttogewicht = Nettogewicht + Tara.

   In einem Kasten Bier sind 20 Flaschen mit je 0,5 l Bier. Jede Flasche wiegt 100 g. Der Kasten allein wiegt 350 g. Berechne das Gewicht des vollen Kastens und die Tara. Bier wiegt praktisch genauso viel wie Wasser.

   Brutto = ____ Netto = ____ Tara = ____

3. Wandle in die angegebenen Einheiten um:

a) 300 kg + 1 dz + 500 g = ____ kg ____ g

b) 3,450150 kg = ____ kg ____ g ____ mg

c) 45 t 150 kg + 35 dz = ____ t ____ kg

4. Ein Freibad ist 50 m lang, 15 m breit und durchschnittlich 2 m tief.

a) Wie viel Liter kann das Becken maximal fassen?

____

b) Gib das Gewicht des Wassers in Tonnen und Kilogramm an.

____

Zeit und Dauer

Das Maß für die menschliche Zeit ist das Sonnenjahr. Nach genau 31 556 926 Sekunden steht die Sonne wieder vor demselben Sternenhintergrund, ein Jahr ist vergangen. Das Jahr lässt sich nicht genau mit Tagen messen. Deshalb wird in jedem 4. Jahr, in dem auch die Olympiade stattfindet, der 29. Februar eingeschoben.

Umrechnungstabelle für Maße der Zeitdauer

1 y (year)	= 365 d (days)	
1 d	= 24 h (hours)	= 1 440 min
1 h	= 60 min (minutes)	= 3 600 s
1 min	= 60 s (seconds)	= 60 000 ms
1 s	= 1 000 ms (milliseconds)	

Beispiel 1: Wie viele Minuten sind 3 h 20 min?
$3\,h\ 20\,min = 3 \cdot 60\,min + 20\,min = 200\,min$

Beispiel 2: Gib in Minuten und Sekunden an: 3245 s
$3\,245 : 60 = 54$ Rest 5. Also ist $3\,245\,s = 54 \cdot 60\,s + 5\,s = 54\,min\ 5\,s$

Die Differenz zwischen zwei Zeitpunkten ist eine **Zeitdauer**.

Beispiel 3: Ein Radrennen beginnt um 5:25:00, und der Sieger geht um 11:23:40 durchs Ziel. Wie lange dauerte seine Fahrt?
Subtrahiere einzeln die Stunden, Minuten und Sekunden. Wenn der Subtrahend zu groß ist, borge dir eine Einheit von der größeren. Hier im Beispiel musst du dir 1 h borgen und als 60 min gleichwertig in der Minuten-Spalte einsetzen.

11 h	23 min	40 s	=	10 h	83 min	40 s
5 h	25 min	0 s	=	5 h	25 min	0 s
				5 h	58 min	40 s

Aufgaben

1. Rechne in die angegebenen Einheiten um:

a) 2 h 35 min ______ min

b) 3 h 40 min ______ s

c) 4 d 5 h 45 min ______ min

d) 390 s ______ min ______ s

e) 1 500 min ______ d ______ h

f) 4 510 min ______ d ______ h ______ min

2. Ein Auszug aus einer Rundfunkreportage: „Nach 4 Stunden 40 Minuten geht der erste der Radrennfahrer übers Ziel. Das Feld kam mit einem Abstand von 28 Minuten geschlossen an. Gestartet wurde um 10:35 mit ...“ Wann war die Fahrerankunft?

   Siegerankunft ______ Feldankunft ______

3. Eine Space-Lab-Mission begann am 4. April 1995, 18:15:45 in Cape Canaveral und endete dort am Morgen des 8. April 1995, 05:50:15. Wie lange war die Mannschaft unterwegs?

   ______

Interessant: Bestimmung von Zeitpunkten

Das Bild zeigt
9. April 1996, 15:01:56, MEZ.

Nach dem Datum steht die Uhrzeit.
15:01:56 bedeutet 15 Uhr 1 Minute 56 Sekunden.
MEZ ist die Zeitzone,
in der die angegebene Uhrzeit gilt.

MEZ = **M**ittel**e**uropäische **Z**eitzone.

Sachaufgaben zu Maßen

Umfang des Rechtecks und des Quadrats

Der **Umfang eines Vielecks** ist die Summe seiner Seitenlängen.

Beispiel 1: Die Länge von Strecken wird mit dem Lineal bestimmt. Miss die Länge des 7-Ecks in der Zeichnung auf mm genau und berechne den Umfang.

AB = 25 mm, BC = 30 mm
CD = 25 mm, DE = 25 mm
EF = 25 mm, FA = 30 mm
Umfang = 160 mm

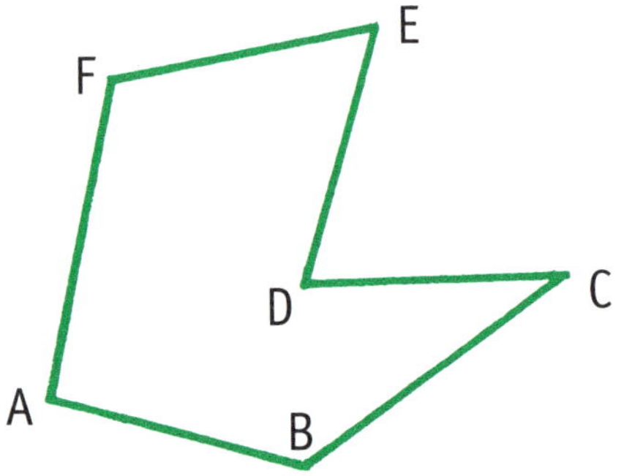

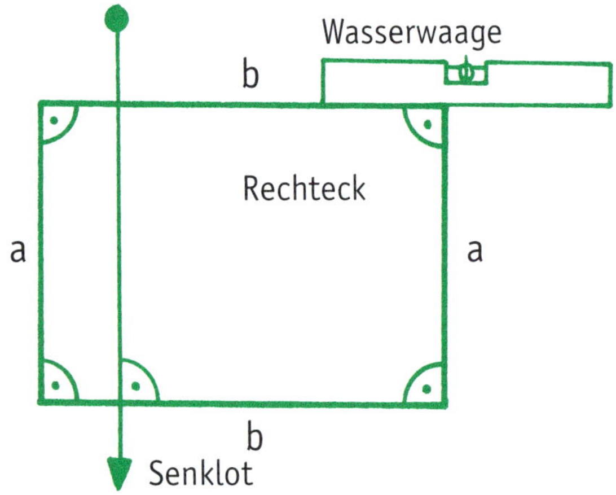

Das Bild zeigt ein Rechteck. Jeweils gegenüberliegende Seiten sind gleich lang. In jeder Ecke bilden die waagrechte und die senkrechte Seite einen **rechten Winkel**.

Praktisch erhält man einen rechten Winkel durch ein Senklot, das auf eine Wasseroberfläche zeigt. Lot und Oberfläche bilden dann einen rechten Winkel.

Der **Umfang eines Rechtecks** ist $U = 2 \cdot a + 2 \cdot b = 2 \cdot (a + b)$
Der **Umfang eines Quadrats** ist $U = 4 \cdot a$

Beispiel 2: Ein Grundstück ist 18 m breit und 24 m lang. Es wird vollständig eingezäunt. Berechne die Zaunlänge.
Die Zaunlänge ist der Umfang: $U = 2 \cdot (18\,m + 24\,m) = 84\,m$

Aufgaben

1. Ein Grundstück soll wie gezeichnet mit einer Hecke eingegrenzt werden. Berechne die Länge der Hecke und die Anzahl der Pflanzen, wenn der Pflanzabstand einen halben Meter sein soll.

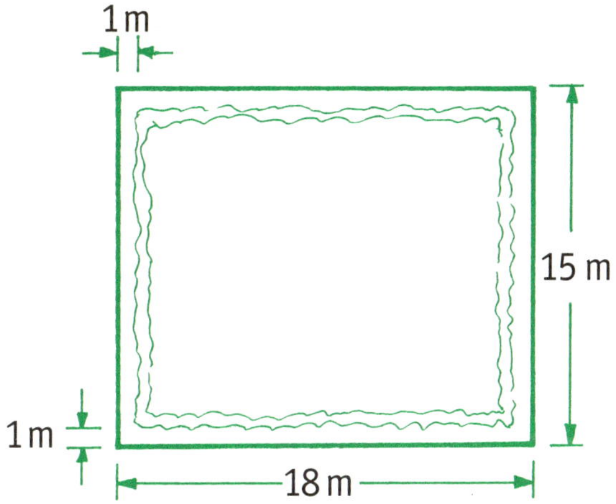

Hecke:

Länge

Breite

Umfang

Pflanzen

2. Ein Rechteck hat die Seiten a = 3,60 m und b = 4,20 m. Welche Seitenlänge hat ein umfangsgleiches Quadrat?

3. Eine Zündholzschachtel besteht aus einem Einschub für die Zündhölzer und einer Hülle. Die Hülle besteht aus vier Rechtecken. Miss die Längen der Seitenkanten für jedes Rechteck.

4. Ein Spielwürfel hat eine Höhe von 1,5 cm. Welche Länge haben alle Kanten zusammen? Nimm einen Spielwürfel und zähle seine Kanten.

Flächeninhalt des Rechtecks und des Quadrats

Die Fläche eines Rechtecks wird gemessen, indem man es mit lauter gleichen Quadraten auslegt. Die Anzahl dieser Quadrate heißt **Flächenmaßzahl** des Rechtecks.

4 Einheiten Länge
6 Einheiten Breite

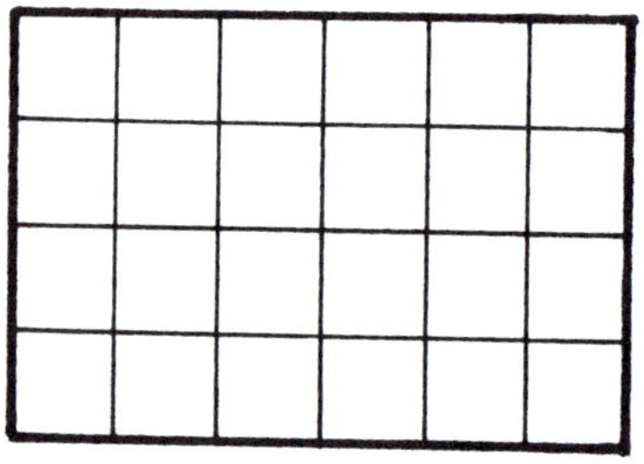

Im Beispiel kann man 6 Quadrate auf die Breite legen und 4 auf die Länge. Das sind dann $6 \cdot 4 = 24$ Quadrate. Wenn die Quadrate genau 1 cm auf 1 cm messen, also genau $1\,cm^2$ Fläche haben, so ist die Fläche des gesamten Rechtecks $24\,cm^2$.

Rechteckfläche

$A = \text{Länge} \cdot \text{Breite} = l \cdot b$

Beispiel 1: Bestimme die Fläche eines Rechtecks mit der Länge 4,5 cm und der Breite 3 cm.
$A = 4{,}5\,cm \cdot 3\,cm = 45\,mm \cdot 30\,mm = 1\,350\,mm^2$

Beachte, dass vor dem **Rechengang alle Einheiten** angepasst sind.

Beispiel 2: Ein Rechteck hat eine Fläche von $A = 39\,cm^2$ und eine Breite von $b = 6{,}5\,cm$. Welche Länge hat es?
Zuerst werden die Einheiten angepasst: $A = 39\,cm^2 = 3\,900\,mm^2$ und $b = 65\,mm$. Dann wird gerechnet $A = 3\,900 = l \cdot 65$. Also gilt Länge $l = 3\,900 : 65 = 60$. Die Länge des Rechtecks ist also 6 cm.

Quadratfläche

$A = \text{Seite} \cdot \text{Seite} = a^2$

Beispiel 3: Ein Quadrat hat den Umfang $U = 24{,}8\,cm$. Berechne seine Fläche.
Zuerst wird die Seitenlänge errechnet:
$U = 4 \cdot a = 248\,mm$, also $a = 248\,mm : 4 = 62\,mm$
Dann berechnet man die Fläche: $A = a^2 = 62\,mm \cdot 62\,mm = 3\,844\,mm^2$

Aufgaben

1. Ein Fußballfeld ist 98 m lang und 54 m breit. Berechne seine Fläche:

2. Um das Fußballfeld von Aufgabe 1 herum wird ein 3 m breiter Rasenstreifen angelegt. Welche Fläche hat der Rasenstreifen?

3. Berechne die grauen Flächen der folgenden Figuren. Die Zahlen sind Zentimeter.

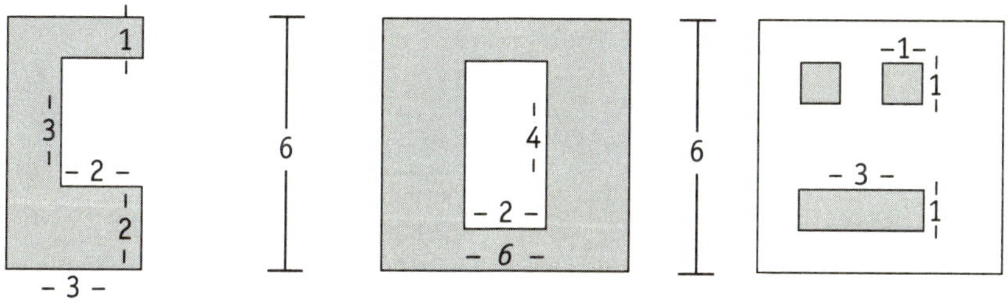

Figur 1: Figur 2: Figur 3:

Oft ergibt sich eine gesuchte Fläche als Differenz zweier Flächen.

4. Ein rechteckiger Bauplatz hat 800 m^2. Er ist 32 m breit. Welchen Umfang hat das Rechteck?

   Länge

   Umfang

5. Ein rechteckiges Grundstück mit 950 m^2 soll gleichmäßig aufgeteilt werden, so dass fünf Häuser darauf gebaut werden können. Der Preis für den m^2 beträgt 200 DM. Was kostet jedes Grundstück? Zeichne eine vernünftige Aufteilung.

   Grund für ein Haus in m^2

   Preis für ein Grundstück

Oberfläche von Quader und Würfel

Das linke Bild zeigt ein perspektivisch gezeichnetes Drahtgerüst eines Quaders. Das rechte Bild entsteht, wenn man eine quaderförmige Schachtel längs ihrer Kanten aufschneidet und die Flächen auf den Tisch legt.

Schrägbild des Quaders

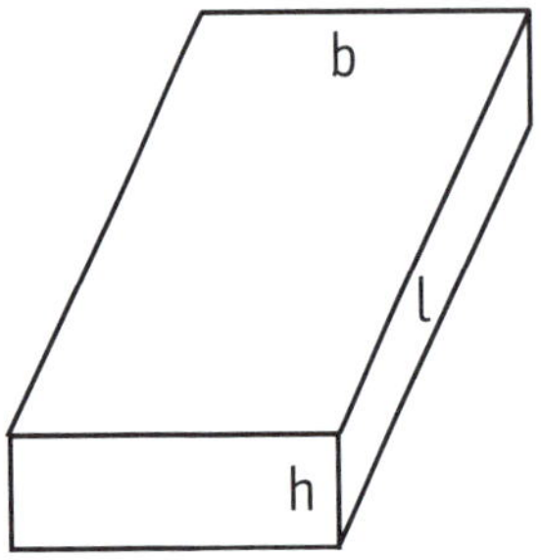

Netz des Quaders

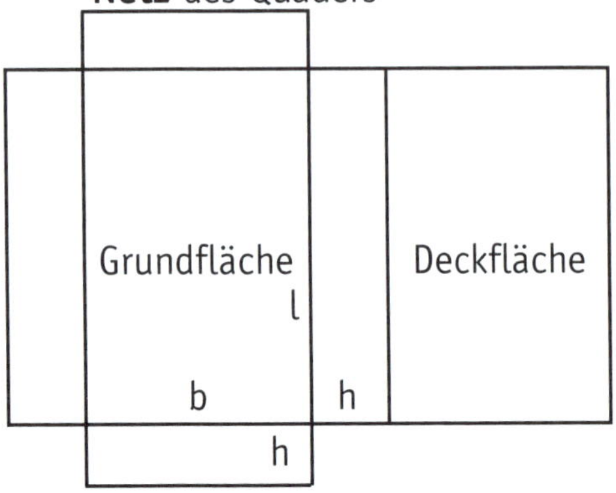

Die Oberfläche eines Quaders besteht aus sechs Rechtecken. Je zwei Rechtecke sind deckungsgleich.

Oberfläche eines Quaders

$$A = 2 \cdot (\text{Vorderfläche} + \text{Seitenfläche} + \text{Grundfläche})$$
$$= 2 \cdot (l \cdot h + b \cdot h + l \cdot b)$$

Beispiel 1: Ein Quader hat die Abmessungen $l = 20\,\text{cm}$, $b = 4\,\text{cm}$ und $h = 2\,\text{cm}$. Berechne seine Oberfläche. $A_0 = 2 \cdot (20 \cdot 2\,\text{cm}^2 + 4 \cdot 2\,\text{cm}^2 + 20 \cdot 4\,\text{cm}^2) = 256\,\text{cm}^2$

Die Oberfläche des Würfels besteht aus sechs Quadraten, weil
a = Länge = Breite = Höhe gilt.
Damit vereinfacht sich die Formel für die Oberfläche.

Oberfläche eines Würfels

$$A = 6 \cdot \text{Seite} \cdot \text{Seite} = 6 \cdot a \cdot a$$
$$= 6 \cdot a^2$$

Beispiel 2: Die Oberfläche eines Würfels ist $486\ \text{cm}^2$. Berechne seine Kantenlänge. $6 \cdot a^2 = 486$, also ist $a^2 = 486 : 6 = 81$
81 ist das Quadrat von 9, also ist die Länge einer Würfelkante 9 cm.

Aufgaben

1. Ein Steinquader ist 1,50 m breit, 0,50 m lang und 1,20 m hoch. Berechne die Oberfläche des Quaders:

2. Das Bild gegenüber zeigt das Netz einer Kiste. Lege Grund-, Vorder- und Seitenfläche farbig an und bezeichne jede Kante mit „Länge, Breite, Höhe".

3. Aus Draht wird ein länglicher Quader mit den Kanten 1 cm, 2 cm und 15 cm gebogen. Dann soll aus demselben Draht ein Würfel gebogen werden. Welche Seitenlänge hat er?

4. Ein Würfel hat eine Oberfläche von 294 cm^2. Welche Seitenlänge hat er?

5. Ein Friedhofsstein soll vom Steinmetz auf allen Flächen poliert werden. Die Politur kostet pro dm^2 13 DM. Was verlangt der Steinmetz für einen Stein mit 1 m Breite, 0,1 m Tiefe und 1,20 m Höhe?

   Alle Größen in dm

   Fläche

   Gesamtpreis

Geschwindigkeit

Geschwindigkeit ist keine neue Messgröße. Sie wird aus den bekannten Messgrößen Länge und Zeit errechnet.

Geschwindigkeit = Weg : Zeit
v (velocity) = s : t

Beispiel 1: Der ICE (Intercity Experimental) der Deutschen Bahn AG benötigt für eine Strecke von 540 km nur 3 Stunden. Berechne seine Geschwindigkeit.
Geschwindigkeit = 540 km : 3 h = 180 $\frac{km}{h}$

Maßeinheiten der Geschwindigkeit

$\frac{km}{h}$ sprich „Kilometer pro Stunde", $\frac{m}{s}$ sprich „Meter pro Sekunde"

Beispiel 2: Ein sehr schneller Lauf über 100 m dauert 10 s.
Berechne die Geschwindigkeit. v = s : t = 100 m : 10 s = 10 $\frac{m}{s}$

Merkdreieck
Decke die gesuchte Größe ab.
Dann bleibt im Dreieck die Formel sichtbar.

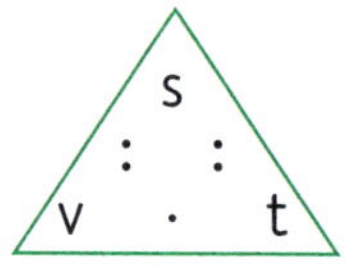

Formeln zur Geschwindigkeit v = s : t s = v · t t = s : v

Beispiel 3: Ein Wanderer bewegt sich mit v = 5 $\frac{km}{h}$. Sein Ziel ist 20 km weit weg. Wie lange braucht er für den Weg? Er benötigt t = s : v = 20 km : 5 $\frac{km}{h}$ = 4 h

Umrechnung von Geschwindigkeiten

Von $\frac{m}{s}$ nach $\frac{km}{h}$: x $\frac{m}{s}$ = (x · 3 600) : 1 000 $\frac{km}{h}$

Von $\frac{km}{h}$ nach $\frac{m}{s}$: x $\frac{km}{h}$ = (x · 1 000) : 3 600 $\frac{m}{s}$

Aufgaben

1. Ein Radfahrer legt in 5 Stunden 160 km zurück. Welche Geschwindigkeit ist er im Durchschnitt gefahren?

2. Ein langsamer Radler fährt mit 9 km pro Stunde. Wie weit kommt er in

a) 2 Stunden? b) 2 h 30 min? c) 3 h 15 min?

3. Ein Reisebus fährt im Durchschnitt $v = 60 \frac{km}{h}$. Die Strecke München – Verona ist 390 km lang. Welche Zeit benötigt der Bus für die Strecke?

4. Wer 100 m in 10 s laufen kann, hat eine durchschnittliche Geschwindigkeit von $10 \frac{m}{s}$. Welcher Geschwindigkeit entspricht das in $\frac{km}{h}$?

5. Ein Auto fährt in der Stadt mit $72 \frac{km}{h}$ zu schnell. Rechne aus, wie weit es in 3 Sekunden kommt:

6. Gehe 10x in die Küche und zurück zum Schreibtisch. Miss die Strecke und die Zeit. Dann ergibt sich die Bewegungsgeschwindigkeit in deiner Wohnung.

Geld

Geld und Geldeinheiten

Geld ist ein Zahlungsmittel. Währung ist das Geld eines Landes. Eine Währung liegt in Form von Scheinen und Münzen vor. Die Währung der Bundesrepublik Deutschland ist seit 1948 die Deutsche Mark. Es gibt Münzen, die auf Mark lauten, und Münzen, die auf Pfennig lauten.

Beispiel 1: Anne kauft Brot ein und muss 3 DM 57 Pf bezahlen. Sie legt eine 5 DM Münze hin. Welche Wechselgeldmünzen bekommt sie heraus?
Zähle mit Münzen von 3 DM 57 Pf nach oben zu 5 DM! 3 mal 1 Pf, 4 mal 10 Pf und 1 mal 1 DM.

Mark und Pfennig

1 DM = 100 Pfennig, 1 Pfennig = 0,01 DM
Links vom Komma stehen die Markbeträge, **rechts vom Komma** die Pfennigbeträge.

Beispiel 2: Schreibe in der jeweils anderen Einheit.
a) 3 DM 50 Pf = 300 Pf + 50 Pf = 350 Pf
b) 10,85 DM = 10 DM 85 Pf = 1 000 Pf + 85 Pf = 1 085 Pf
c) 2 035 Pf = 2 000 Pf + 35 Pf = 20 DM 35 Pf = 20,35 DM

Umrechnen „Mark in Pfennig": Multipliziere die DM mit 100.
Beispiel: 11,55 DM = 11,55 · 100 Pf = 1 155 Pf

Umrechnen „Pfennig in Mark": Teile die Pfennig durch 100.
Beispiel: 3 468 Pf = 3 468 : 100 DM = 34,68 DM

Beispiel 3: Fünf Kinder zahlen je 3,50 DM für Kinokarten. Wie viel Geld brauchen sie insgesamt?
Um Multiplikationen mit Kommazahlen zu vermeiden, wandelt man in die kleinere Einheit Pf um.
Lösung: Es ergibt sich 5 · 350 Pf = 1 750 Pf = 17,50 DM.

Aufgaben

1. Die Wechselkurse zwischen DM und österreichischem Schilling sind seit langem sehr stabil. Man rechnet um mit „7 Schilling gleich 1 DM". Fülle die Wechselkurstabellen aus:

DM	2 DM	3 DM	10 DM	15 DM	32 DM
öS	öS	öS	öS	öS	öS

2. Wenn die Umrechnung nicht aufgeht, hat man ein paar Schillinge als Rest übrig. Beispielsweise sind 24 öS gewechselt 3 DM Rest 3 öS. Löse die Wechselaufgaben:

öS	280 öS	450 öS	1 235 öS
DM			

3. Eine Schulklasse ist auf Ausflug und kommt an einem Kiosk vorbei. Es werden 6 Flaschen Apfelsaft zu je 3,45 DM, 12 Tüten Eis zu je 1,80 DM und 4 Riegel Knabbermüsli zu je 85 Pf gekauft. Wie groß ist der Umsatz des Kioskbesitzers?

Apfelsaft: DM

Eis: DM

Knabbermüsli: DM

Umsatz: DM

4.* Die Zeichnung rechts stellt eine Landkarte dar, auf der die durch Eisenbahnlinien verbundenen Städte meiner Nachbarschaft eingetragen sind. Was ist die kürzeste Rundreise durch alle Städte und was kostet sie mich, wenn die Bundesbahn für den km Fahrstrecke 27 Pf verlangt?

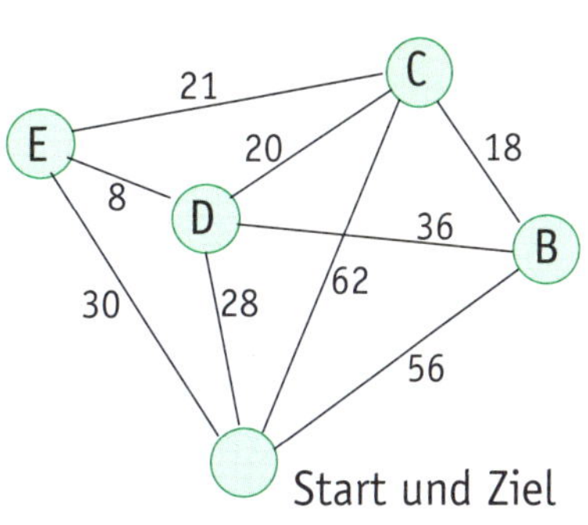

Strecke: km

Preis: DM

Preis, Einkauf und Verkauf

Auf dem Markt treffen sich Käufer und Verkäufer. Der Verkäufer bietet seine Waren an und nennt für jede Ware seinen Verkaufspreis. Wenn der Kunde den Preis akzeptiert, kommt es zum Tausch. Der Kunde gibt Geld und erhält dafür die Ware.

Der **Einzelpreis** einer Ware wird in Geld pro Verkaufseinheit angegeben, beispielsweise DM pro Stück = $\frac{\text{DM}}{\text{Stck}}$, DM pro Meter = $\frac{\text{DM}}{\text{m}}$, DM pro kg = $\frac{\text{DM}}{\text{kg}}$

Berechnung des **Gesamtpreises**

Gesamtpreis = Einzelpreis · Menge

Beispiel 1: Helmut verteilt Werbezeitschriften und erhält 0,15 DM je verteilter Zeitschrift. Er schafft in der Stunde 45 Stück, und er nimmt sich vor, sieben Stunden zu arbeiten. Was verdient er dabei?

Gesamtlohn = Lohn je Zeitschrift · Menge
= $0{,}15 \frac{\text{DM}}{\text{Stck}} \cdot 45 \cdot 7$ Zeitschriften
= 15 · 315 Pf
= 4 725 Pf = 47,25 DM

Berechnung des **Einzelpreises**

Einzelpreis = Gesamtpreis : Menge

Beispiel 2: Eva kauft für 13,50 DM eine Tüte mit 3 kg Äpfeln. Berechne den Kilopreis. Einzelpreis = Gesamtpreis : Menge
= 13,50 DM : 3 kg
= 1350 Pf : 3 kg = 450 $\frac{\text{Pf}}{\text{Kg}}$ = 4,50 $\frac{\text{DM}}{\text{kg}}$

Berechnung der **Verkaufsmenge**

Menge = Gesamtpreis : Einzelpreis

Beispiel 3: Maschendrahtzaun wird als Rolle verkauft. Die Rolle kostet 125 DM und der Preis wird mit 2,50 DM je Meter angegeben. Wie viele Meter sind auf der Rolle?

Länge der Rolle = Gesamtpreis : Einzelpreis
= 125 DM : 2,50 $\frac{\text{DM}}{\text{m}}$ = 12 500 Pf : 250 $\frac{\text{Pf}}{\text{m}}$ = 50 m

Aufgaben

1. Uta geht mit ihrem Bruder Udo einkaufen und hat den Zettel selbst geschrieben. Sie kaufen 3 kg Äpfel zu 3,50 DM das kg und 2 Pfund Kirschen zu 4,80 DM das kg. Dann noch 5 Rosinenbrötchen für 2,25 DM und 3 l Milch, den Liter zu 1,55 DM.

a) Was kostet ein Rosinenbrötchen?

1 Rosinenbrötchen kostet:

b) Was haben Uta und Udo ausgegeben?

	Ansatz	Gesamtpreis	
Äpfel			DM
Kirschen			DM
Rosinenbrötchen			DM
Milch			DM
Summe			DM

2. Die Rechnung für das Heizöl kommt. Für 3 500 l Heizöl und die Anfahrt müssen 1 630 DM bezahlt werden. Die Rechnungsposition für die Anfahrt ist 55 DM. Was kostet ein Liter Heizöl?

Kosten, Gewinn und Verlust

Der Kaufmann bezahlt seine Ware beim Hersteller. Diesen Preis nennt er Einstandspreis. Aus der Differenz zwischen Verkaufspreis und Einstandspreis muss er seine Kosten begleichen. Kosten sind z.B. Miete, Fracht, Löhne, Zinsen.

Einstandspreis	=	Einkaufspreis des Kaufmanns
Selbstkosten	=	Einkaufspreis + Kosten
Verkaufspreis	=	Verkaufspreis an den Kunden

Beispiel 1: Berechne die Selbstkosten. Ein Kaufmann holt beim Bauern 250 kg Äpfel zu 1,50 DM je kg und 120 kg Birnen zu 1,80 DM je kg zum Verkauf auf dem Stadtmarkt. Seine Standmiete ist 30 DM. Er hat 40 DM Frachtkosten und 80 DM Lohnkosten.
Zur Lösung erstellt man am besten eine Liste mit allen wichtigen Angaben:

Äpfel	250 · 1,50 DM	375 DM
Birnen	120 · 1,80 DM	216 DM
Standmiete		30 DM
Frachtkosten		40 DM
Lohnkosten		80 DM
Selbstkosten		741 DM

Gewinn = Verkaufspreis – (Einstandspreis + Kosten)
Verlust = (Einstandspreis + Kosten) - Verkaufspreis

Beispiel 2: Ein Computerhändler kauft 8 Computer zu 1 200 DM ein. Er kann 3 Computer zu 1 650 DM und 5 Computer zu 1 150 DM verkaufen. Je Einheit entstehen ihm 50 DM Kosten. Berechne seinen Gewinn.
$(3 \cdot 1\,650 + 5 \cdot 1\,150) - (8 \cdot 1\,200 + 8 \cdot 50) = 10\,700 - 10\,000 = 700$
Der Computerhändler erzielt 700 DM Gewinn.

Wenn man ohne Einheiten rechnet, muss man wenigstens im Antwortsatz das Ergebnis mit Einheit schreiben.
Manchmal ist (Einstandspreis + Kosten) größer als der Verkaufspreis. Es ergibt sich ein Verlust.

Manchmal ist die Ermittlung von Gewinn oder Verlust einfacher durch das Berechnen von Einzelgewinn oder -verlust.

Aufgaben

1. Herr Fleischer verkauft auf dem Jahrmarkt Bratwürste. Die Standmiete kostet pro Tag 130 DM. Die Würste kauft er zu 0,80 DM das Stück. Für Pappteller, Senf usw. rechnet er mit 0,50 DM je verkauftem Paar Bratwürste. Der Jahrmarkt dauert 7 Tage und Herr Fleischer setzt jeden Tag 350 Paar Bratwürste für 4,50 DM ab. Berechne seinen Gewinn:

	Einstandspreis + Kosten	Verkaufspreis
Standmiete		
Bratwürste		
Pappteller, Senf		
Summe/Kosten		
Verkaufspreis		
Gewinn		

2. Eine Konzertagentur veranstaltet ein Konzert mit der Gruppe „Take this“. Die Künstler erhalten eine Gage von 10 000 DM für den Abend. Die Miete für den Saal beträgt 2 000 DM. An Kosten für Saalordner und Reinigungspersonal sind 4 500 DM und an Versicherungskosten für die Einrichtung fallen 900 DM an.

a) Bei welcher Besucherzahl trägt sich das Geschäft gerade selbst, wenn die Karte für 15 DM verkauft wird?

b) Es kommen leider nur 950 zahlende Zuschauer. Berechne den Verlust:

c) Wie groß ist der Gewinn, wenn 1 350 Karten verkauft werden?

Arbeitszeit und Lohn

Für Arbeit erhält man Lohn. Häufig wird der Lohn zwischen Arbeitgeber und Arbeitnehmer als Stundenlohn vereinbart. Im Text steht h (engl. hour) für Stunde.

Wochenlohn = Lohn pro Stunde · Wochenarbeitszeit

Beispiel 1: Vater ist Maurer und erhält 21 DM pro Stunde. Er arbeitet in der Woche 40 Stunden. Wie hoch ist sein Wochenlohn?

Wochenlohn $= 21\,\frac{\text{DM}}{\text{h}} \cdot 40\,\text{h} = 840\,\text{DM}$

Beispiel 2: In Vaters Betrieb arbeiten fünf Kollegen. Drei Arbeiter haben einen Stundenlohn von 22 DM pro Stunde, zwei von 21 DM pro Stunde. Der Lehrling verdient pro Woche 180 DM. Berechne die Lohnsumme des gesamten Betriebs bei einer 40-Stunden-Woche.

$$\begin{aligned}\text{Lohnsumme} &= 3 \cdot 22\,\tfrac{\text{DM}}{\text{h}} \cdot 40\,\text{h} + 2 \cdot 21\,\tfrac{\text{DM}}{\text{h}} \cdot 40\,\text{h} + 180\,\text{DM}\\ &= 2\,640\,\text{DM} + 1\,680\,\text{DM} + 180\,\text{DM} \qquad = 4\,500\,\text{DM}\end{aligned}$$

Stundenlohn = Lohn pro Stunde = Wochenlohn : Wochenarbeitszeit

Beispiel 3: Hans vereinbart mit dem Nachbarn, für 51 DM 4 Wochen lang jeden Freitagnachmittag den Rasen zu mähen. Beim ersten Mal braucht er 1 h und 30 min. Auf welchen Stundenlohn wird er kommen?

Stundenlohn $= 51\,\text{DM} : (4 \cdot 1\,\text{h}\ 30\,\text{min}) = 51\,\text{DM} : 6\,\text{h} = 5\,100\,\text{Pf} : 6\,\text{h} = 850\,\frac{\text{Pf}}{\text{h}}$

Der Stundenlohn wird bei 8,50 DM pro Stunde liegen.

Beispiel 4: Ein Unternehmer bezahlt 650 DM für eine monatliche geringfügige Beschäftigung von 4 h werktäglich und muss zusätzlich 150 DM an die Sozialversicherung abführen. Was kostet den Unternehmer die Stunde, wenn man den Monat mit 4 Wochen rechnet?

$$\begin{aligned}\text{Stundenlohn} &= (650\,\text{DM} + 150\,\text{DM}) : (4 \cdot 5 \cdot 4\,\text{h})\\ &= 800\,\text{DM} : 80\,\text{h} \qquad = 10\,\text{DM pro Stunde}\end{aligned}$$

Den Unternehmer kostet die Stunde 10 DM.

Aufgaben

1. Ein Bauarbeiter erhält von seinem Arbeitgeber 19 DM Stundenlohn und 22 DM für jede Überstunde. Wie viel Geld erhält er bei einer Arbeitswoche von 38 Stunden für die tatsächlich geleisteten 45 Stunden?

2. **Akkordlohn** ist ein Lohn, der pro gefertigtem Stück bezahlt wird.

   Frau Gebler arbeitet im Akkord. Für jedes fertiggestellte Bügeleisen erhält sie 3,90 DM.

a) Fülle die folgende Tabelle aus.

	gefertigte Stücke	
	3	5
Lohn		
	10	40
Lohn		

b) Wie viele Bügeleisen muss sie in der Stunde fertigen, damit sie auf einen Stundenlohn von 19,50 DM kommt?

c) Sie ist geschickt und stellt in der Regel an einem 7-Stunden-Tag 42 Bügeleisen her. Was verdient sie insgesamt und welchem Stundenlohn entspricht das?

3. Klaus träumt vom City-Bike mit Schimano-Schaltung. Kostet schlappe 1 260 DM. Im Moment arbeitet er als Automechaniker und verdient netto 16,80 DM pro Stunde. Wie viele Arbeitsstunden braucht er, um sich das Fahrrad zu kaufen?

Primzahlen

Teiler und Teilermengen

Eine Zahl a ist durch b **teilbar**, wenn die Division a : b aufgeht, also den Rest 0 ergibt. Man schreibt b | a und liest „b ist ein Teiler von a" oder „b teilt a".

Beispiel 1:
a) 3 | 12, lies „3 ist ein Teiler von 12", weil 12 : 3 = 4 Rest 0 ergibt.
b) 1 | 15, lies „1 teilt 15", weil 1 jede Zahl teilt.
c) 7 | 7, lies „7 teilt 7", weil jede Zahl sich selbst teilt.
d) $4 \nmid 11$, lies „4 ist kein Teiler von 11", weil 11 : 4 = 2 Rest 3 ist.

Beispiel 2: Wie viele Teiler hat die Zahl 22?
Man findet 2 | 22 und 11 | 22. Selbstverständlich stimmt auch 1 | 22 und 22 | 22. Die Teiler sind also 1, 2, 11 und 22.

Die Menge aller Teiler einer Zahl a heißt **Teilermenge T_a**, lies „Teilermenge von a".

Beispiel 3: Bestimme die Teilermenge der Zahl 42.
Durch systematisches Probieren mit den Zahlen 1, 2, 3, 4, 5 etc. versucht man einen Teiler nach dem anderen zu finden. Man findet nacheinander 2 | 42, 3 | 42, $4 \nmid 42$ ... und trägt sie in die Menge ein.
Man findet T_{42} = {1, 2, 3, 6, 7, 14, 21, 42}

Hilfsregel zur Teilersuche: Ein Teiler kommt selten allein!

Beispiel 4: Bestimme die Teilermenge von 78.
Hat man für 78 erst den Teiler 3 gefunden und 78 : 3 = 26 ausgerechnet, dann kennt man sofort einen zweiten Teiler, nämlich 26; denn 78 : 26 = 3 Rest 0. Also kann man in die Menge gleich zwei Zahlen eintragen. Man beginnt mit den Teilerpartnern 1 und 78, 2 und 39, 3 und 26, 6 und ...:
T_{78}= {1, 2, 3, ___, ___, 27, 39, 78}

Aufgaben

1. Setze das richtige Zeichen | oder ∤ ein:

   3 ___ 38   7 ___ 105   15 ___ 145

   18 ___ 72   19 ___ 456

2. Bestimme die Teilermengen von 9, 24, 32, 49, 91, 93:

   T_9 = { ___ } T_{24} = { ___ }

   T_{32} = { ___ } T_{49} = { ___ }

   T_{91} = { ___ } T_{93} = { ___ }

3.* Bestimme die Teilermenge von 504. Bedenke, dass man immer 2 Teiler gleichzeitig findet.

   ___

4. Bilde die Schnittmenge T_{18} T_{27} T_{30}. Die Schnittmenge ergibt sich, wenn man die Teiler sucht, die in allen drei Teilermengen vorkommen.

   T_{18} = { ___ } Schnittmenge = { ___ }

   T_{27} = { ___ }

   T_{30} = { ___ }

5. Kann es sein, dass die Schnittmenge zweier Teilermengen leer ist?

   ___

Teilbarkeitsregeln für 2, 4, 8, 5, 10

Eine Zahl ist genau dann **durch eine Stufenzahl 10, 100, ... teilbar**, wenn sie 1, 2, ... Endnullen hat wie diese.

Eine Zahl ist genau dann **durch 5 teilbar**, wenn die Einerstelle 0 oder 5 ist.

Eine Zahl ist genau dann **durch 2 teilbar**, wenn die Einerstelle 0, 2, 4, 6 oder 8 ist.

Beispiel 1: Welche Zahlen sind durch 5, aber nicht durch 2 teilbar?
Alle Zahlen mit Ziffer 5 an der Einerstelle.

Eine Zahl ist genau dann **durch 4 teilbar**, wenn die letzten beiden Ziffern eine durch 4 teilbare Zahl ergeben oder wenn sie auf 00 endet.

Beispiel 2: Teilt 4 die Zahl 1 229 024?
Nicht anfangen zu rechnen! Nach der Regel müssen nur die letzten zwei Stellen untersucht werden. Sie bilden die Zahl 24 und natürlich gilt $4 \mid 24$, also teilt 4 auch die lange Zahl.

Beispiel 3: Teilt 4 die Zahl 9 000 134?
Nein; denn $4 \nmid 34$.

Eine Zahl ist genau dann **durch 8 teilbar**, wenn die letzten drei Ziffern eine durch 8 teilbare Zahl ergeben oder wenn sie auf 000 endet.

Beispiel 4:
Teilt 8 die Zahl 10 000?
Ja, weil 10 000 auf 3 Nullen endet. Sogar auf 4, aber das stört weiter nicht.

Aufgaben

1. Überprüfe, ob die folgenden Zahlen durch 2, 4, 8, 5 oder 10 teilbar sind. Schreibe für jede Zahl als Lösung eine Menge auf.
   Beispiel: 88, Lösungsmenge = {2, 4, 8}

a) 36 L = { ___ } b) 84 L = { ___ }

c) 90 L = { ___ } d) 124 L = { ___ }

e) 720 L = { ___ } f) 725 L = { ___ }

2. Ergänze die fehlende Ziffer, so dass die Zahl durch 4 teilbar ist. Es gibt auch mehrere Lösungen für eine Stelle!

a) 1 ___ 2 b) 85 ___ c) 72 ___

d) 3 ___ 4 e) 2 ___ 0 f) 14 ___ 1

3. Ergänze die fehlende Ziffer, so dass die Zahl durch 8 teilbar ist. Es gibt auch mehrere Lösungen für eine Stelle!

a) 10 ___ 8 b) 314 ___ c) 211 ___

d) 7 ___ 48 e) 126 ___ 2

4.* Wie könnte die Zahl 5 ___ 4 ___ vollständig lauten, wenn man weiss, dass sie vierstellig und durch 2, 5 und 8 teilbar ist?

___

Teilbarkeitsregeln für 3 und 9 und abgeleitete Teilbarkeitsregeln

Diese Teilbarkeitsregeln erfordern einen neuen Begriff.

Die Summe der Ziffern einer Zahl ist ihre **Quersumme**.

Beispiel 1: Berechne die Quersumme von 8 207.
Quersumme = 8 + 2 + 0 + 7 = 17

Eine Zahl ist genau dann **durch 3 teilbar**, wenn ihre Quersumme durch 3 teilbar ist.

Beispiel 2:
a) $3 \mid 8\,307$, weil die Quersumme 8 + 3 + 0 + 7 = 18 durch 3 teilbar ist.
b) $3 \nmid 89$, weil die Quersumme (QS) = 17 nicht durch 3 teilbar ist.

Eine Zahl ist genau dann **durch 9 teilbar**, wenn ihre Quersumme durch 9 teilbar ist.

Beispiel 3:
a) $9 \mid 8.867.898$, weil die QS = 54 ist und $9 \mid 54$.
b) $9 \nmid 367$, weil QS = 16 und weil 9 kein Teiler von 16 ist.

Aus eigener Rechenerfahrung kennt man noch weitere Teilbarkeitsregeln. Wenn sich beispielsweise eine Zahl durch 2 und durch 3 teilen lässt, dann lässt sie sich auch durch 6 teilen. Solch eine Erkenntnis lässt sich als abgeleitete Teilbarkeitsregel formulieren.

Eine Zahl ist genau dann **durch 6 teilbar**, wenn sie durch 2 und durch 3 teilbar ist.

Beispiel 4:
a) $6 \mid 208\,302$, weil die Zahl gerade ist und die QS = 15 hat.
b) $6 \nmid 34\,202$, weil die Zahl zwar durch 2 teilbar ist, wegen der QS = 11 aber nicht durch 3 teilbar ist.

Aufgaben

1. Berechne die Quersumme der folgenden Zahlen:

a) 56 b) 234 c) 888 d) 1 003 e) 2 799

2. Überprüfe, ob die folgenden Zahlen durch 3 oder 9 teilbar sind:

a) 42 b) 54 c) 888 d) 1 003 e) 1 678

3. Gib alle Ziffern an, die man in die einziffrige Leerstelle setzen kann um eine durch 3 teilbare Zahl zu erhalten:

a) 4 __ 5 b) __ 35 c) 70 __

d) 12 __ 8 e) 600 __

4. Gib alle Ziffern an, die man in die einziffrige Leerstelle setzen kann um eine durch 9 teilbare Zahl zu erhalten:

a) 4 __ 5 b) __ 35 c) 70 __

d) 12 __ 8 e) 1 __ 01

5. Untersuche mit den Regeln auf die Teilbarkeit durch 2, 3, 4, 5, 8 und 9:

a) 348 b) 900 c) 1 278 d) 12 345 e) 987 654 321

6. Die folgenden zwei Sätze klingen sehr ähnlich. Aber einer ist falsch! Suche ihn heraus und begründe mit einem Gegenbeispiel.

a) Wenn 7 kein Teiler ist, dann ist auch 14, 21, 28 ... kein Teiler.
b) Wenn 7 Teiler ist, dann ist auch 14, 21, 28 ... ein Teiler.

Primzahlen finden und testen

Aus der Untersuchung der Teilermengen hat man erfahren, dass es Zahlen mit sehr vielen Teilern gibt. Aber es gibt auch Zahlen, die außer 1 und sich selbst keine weiteren Teiler haben.

Eine Zahl heißt **Primzahl**, wenn sie nur durch 1 und sich selbst teilbar ist. Die kleinste Primzahl ist 2.

Für die Untersuchung einer Zahl auf ihre Primzahleigenschaft ist es nützlich einige Primzahlen zu kennen.

Lerne die **25 Primzahlen unter 100**:
2, 3, 5, 7, 11, 13, 17, 19, 23, 29, 31, 37, 41, 43, 47, 53, 59, 61, 67, 71, 73, 79, 83, 89, 97.

Beispiel 1: Zeige, dass 217 keine Primzahl ist.
Man überlegt mit Hilfe der Teilbarkeitsregeln:
2 ist kein Teiler von 217, weil die Zahl nicht gerade ist.
3 ist kein Teiler von 217, weil QS = 10.
5 ist kein Teiler von 217, weil die Endziffer weder 0 noch 5 ist.
Test auf 7:
$217 : 7 = 31$ Rest 0, Teiler gefunden, also ist 217 keine Primzahl.

Überprüfung der Primzahleigenschaft einer Zahl n
Untersuche die Teilbarkeit der Zahl mit Primzahlen, beginnend mit 2. Du entdeckst eine Teilbarkeit oder setzt die Prüfung mit der nächstgrößeren Primzahl fort. Höre erst auf, wenn das Quadrat der Untersuchungszahl größer als die Zahl n ist.

Beispiel 2: Untersuche, ob 211 eine Primzahl ist.
Man hakt ab, dass 2, 3, 5 nicht teilen. $211 : 7 = 30$ Rest 1,
$211 : 11 = 19$ Rest 2, also teilen 7 und 11 nicht.
Nun wird es mühsamer, weil noch 13 getestet werden muss, $211 : 13 = 16$ Rest 3. Nun sind wir fertig; denn $17 \cdot 17 = 289 > 211$ und somit kommt 17 nicht als Teiler in Frage, noch größere Primzahlen sowieso nicht mehr.

Aufgaben:

1. Untersuche die Teilermengen der Primzahlen 11, 13, 17, 19. Wie viele Elemente haben sie?

2. Welche der folgenden Zahlen sind keine Primzahlen? Begründe:

   3 18 29 31 43 49 57 77 81 91 105

3. Untersuche, ob 229 eine Primzahl ist.

Sieb des Eratosthenes
Man schreibt alle Zahlen bis 100 in zehn Zeilen und zehn Spalten auf. Dann beginnt man mit dem systematischen Sieben: Zuerst werden alle Vielfachen von 2, dann von 3 grün geschrieben. 4 ist keine Primzahl, also werden als nächstes alle Vielfachen der Primzahl 5 gesiebt. 6 ist keine Primzahl, ihre Teiler sind 2 und 3, also ist 6 bereits abgesiebt. Nun siebt die Primzahl 7 ihre Vielfachen.
Da die nächstgrößere Primzahl 11 im Quadrat bereits größer als 100 ist, kann das Sieben beendet werden.
Alle schwarz gebliebenen Zahlen sind Primzahlen.

1	2	3	4	5	6	7	8	9	10
11	12	13	14	15	16	17	18	19	20
21	22	23	24	25	26	27	28	29	30
31	32	33	34	35	36	37	38	39	40
41	42	43	44	45	46	47	48	49	50
51	52	53	54	55	56	57	58	59	60
61	62	63	64	65	66	67	68	69	70
71	72	73	74	75	76	77	78	79	80
81	82	83	84	85	86	87	88	89	90
91	92	93	94	95	96	97	98	99	100

4. Färbe das Primzahlensieb: Vielfache von 2: gelb
   Vielfache von 3: rosa
   Vielfache von 5: hellgrün
   Vielfache von 7: hellblau

Primfaktorzerlegung

Die Zerlegung einer Zahl a in Faktoren, die alle prim sind, heißt **Primfaktorzerlegung**.

Beispiel 1:
a) $300 = 3 \cdot 100 = 3 \cdot 4 \cdot 25 = 3 \cdot 2 \cdot 2 \cdot 5 \cdot 5 = 2^2 \cdot 3 \cdot 5^2$
b) $70 = 7 \cdot 10 = 2 \cdot 5 \cdot 7$
c) $31 = 31$ Primzahl!

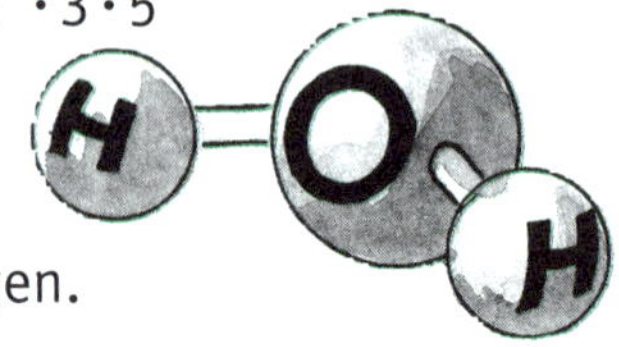

Ein **Molekül** kann man in seine **Atome** zerlegen.
Das Wassermolekül besteht aus drei Atomen.
Zahlen kann man in **Primfaktoren** zerlegen.

Die **Primfaktorzerlegung** einer Zahl ist **eindeutig**.

Beispiel 2: Zeige durch Beispiele, dass die Primfaktorzerlegung von 100 eindeutig ist.
Man kann mit $100 = 2 \cdot 50 = 2 \cdot 5 \cdot 10 = 2 \cdot 5 \cdot 2 \cdot 5$ beginnen.
Oder mit $100 = 10 \cdot 10 = 2 \cdot 5 \cdot 2 \cdot 5$.
In beiden Fällen ergibt sich nach dem Zusammenfassen der Primfaktoren und ihrer Anordnung nach aufsteigender Größe: $100 = 2^2 \cdot 5^2$

Beispiel 3: Bestimme das Ergebnis von $1\,350 : 45$ aus der Primfaktorzerlegung.
Bilde die Primfaktorzerlegung von 1 350 und 45.
$1\,350 = 2 \cdot 3^3 \cdot 5^2$ $\quad 45 = 3^2 \cdot 5$
Durch Vergleich und Umordnen der Primfaktoren sieht man
$1\,350 = (2 \cdot 3 \cdot 5) \cdot (3^2 \cdot 5) = 30 \cdot 45$. Also ist $1350 : 45 = 30$

Aufgaben

1. Zerlege die folgenden Zahlen in Primfaktoren:

a) 12 b) 18 c) 42

d) 115 e) 65 f) 225

2. Zerlege die Zahl 2 310 in Primfaktoren. Beginne mit 2 310 = 30 · 77 und einmal mit 2 310 = 2 · 1 155. Es muss am Ende dieselbe Zerlegung herauskommen.

Beginne Primfaktorzerlegungen mit möglichst großen Teilern, weil dann die weiteren Zerlegungen leichter fallen.

3.* Welche zweistelligen Zahlen bestehen nur aus Potenzen der Primzahl 2?

4. Welche zweistelligen Zahlen sind aus Primfaktorpotenzen von 2 und 3 zusammengesetzt?

5. Die folgenden Zahlen bilden ein magisches Quadrat. Jede Summe einer Zeile, Spalte oder Diagonale ergibt 15. Es hat aber noch eine versteckte Eigenschaft: Multipliziere die Zahl in der Mitte mit einer Eckzahl und zähle eine Nachbarzahl der Eckzahl dazu. Es ergeben sich 8 Zahlen mit einer gemeinsamen Eigenschaft!

6	7	2
1	5	9
8	3	4

Der größte gemeinsame Teiler (ggT)

Teiler, die eine Zahl a **und** eine Zahl b teilen, heißen **gemeinsame Teiler** von a und b.

Beispiel 1: Suche die gemeinsamen Teiler von 20 und 30.
Man überlegt zuerst die Teilermengen
$T_{20} = \{1, 2, 4, 5, 10, 20\}$ und $T_{30} = \{1, 2, 3, 5, 6, 10, 15, 30\}$.
Gemeinsam sind die Teiler $\{1, 2, 5, 10\}$.

Das größte Element aus der Menge der gemeinsamen Teiler zweier Zahlen a,b heißt **ggT(a,b)**. Lies „größter gemeinsamer Teiler von a und b".

Beispiel 2: Bestimme den ggT(20, 30).
Die gemeinsamen Teiler sind $\{1, 2, 5, 10\}$. Das größte Element ist 10, also die Lösung ggT(20, 30) = 10.

Es gibt ein elegantes Berechnungsverfahren für den ggT, das im nächsten Satz festgelegt wird. Man nimmt dabei die Primfaktorzerlegung zu Hilfe.

Rechenverfahren zur Bestimmung des ggT

Der **ggT (a,b)** ist das Produkt der gemeinsamen Primfaktoren in der gleichen Anzahl.

Beispiel 3: Berechne nach dem Verfahren ggT(36,60).

36	=	2	·	2	·	3	·	3		
60	=	2	·	2	·	3			·	5
ggT	=	2	·	2	·	3				

Das Schema zeigt mit Hilfe der Rahmen, wie die gemeinsamen Primfaktoren gefunden werden. Das Ergebnis ist ggT(36, 60) = $2^2 \cdot 3 = 12$.

Schreibe die Primfaktoren geordnet sauber untereinander.

Aufgaben

1. Berechne nach dem Verfahren den ggT(72, 90, 126):

72	= 2	· 2	· 2	· 3	· 3		
90	= 2			· 3	· 3	· 5	
126	= 2 ·			· 3	· 3		· 7
ggT	= 2			· 3	· 3		

Ergebnis ist ggT(72, 90, 126) =

2. Bestimme die gemeinsamen Teiler durch Vergleich der Teilermengen von:

a) 12, 16 b) 34, 51 c) 20, 50 d) 36, 162

3. Bestimme mit Hilfe des Rechenverfahrens den ggT von:

a) 10, 15 b) 36, 84 c) 240, 128 d) 176, 396

4. Bestimme aus der Primfaktorzerlegung, welche Zahlenpaare teilerfremd sind:

a) 72, 55 b) 126, 84 c) 693, 455 d) 105, 242

5. Ein Zeichenblatt mit 18,4 cm Höhe und 23,2 cm Breite soll in möglichst große Quadrate gleicher Seitenlänge geteilt werden. Welche Länge x hat eine Quadratseite?
Wie viele Quadrate ergeben sich?

Länge x =

Anzahl Quadrate =

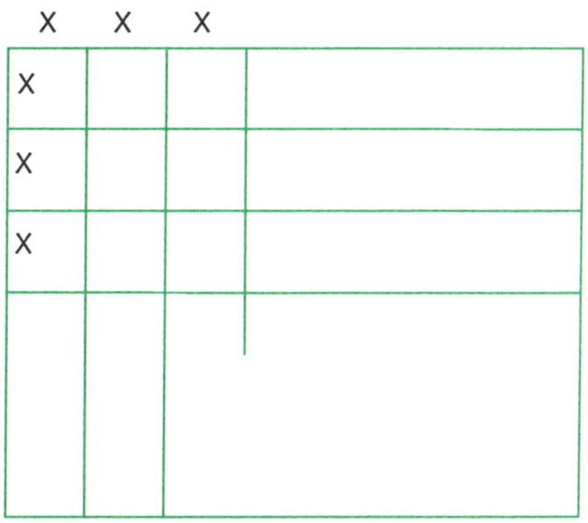

Das kleinste gemeinsame Vielfache (kgV)

Die Menge aller Vielfachen einer Zahl a heißt **Vielfachenmenge** von a, geschrieben $V_a = \{a, 2a, 3a, 4a, 5a, ...\}$. Eine Vielfachenmenge hat unendlich viele Elemente.

Beispiel 1: $V_7 = \{7, 14, 21, 28, 35, 42, ...\}$

Die Zahlen, die zugleich in V_a und V_b vorhanden sind, heißen **gemeinsame Vielfache**. Man erhält sie als Schnittmenge von V_a und V_b.

Beispiel 2: Bestimme die Schnittmenge V_{14} und V_{21}. Schreibe zuerst die Vielfachenmenge V_{14} und V_{21} auf: $V_{14} = \{14, 28 , 42, 56, 70, 84 ...\}$
$V_{21} = \{21, 42, 63, 84, 105, ...\}$
Dann findet man durch Vergleich der Mengen die Elemente, die in beiden Mengen vorkommen, die Vielfachenmenge $\{42, 84, 126, ...\}$.

Das kleinste Element aus der Menge der gemeinsamen Vielfachen heißt **kleinstes gemeinsames Vielfaches** von a und b, kurz geschrieben kgV(a,b).

Beispiel 3: Bestimme das kgV(18, 21).
$V_{18} = \{18, 36, 54, 72, 90, 108, 126, 144, ...\}$
$V_{21} = \{21, 42, 63, 84, 105, 126, 147, ...\}$
Man findet durch Vergleich die Vielfachenmenge $\{126, 252, 378,...\}$ und damit ihr kleinstes Element kgV(18,21) = 126.

Rechenverfahren kgV(a,b)

Das kgV(a,b) ist das Produkt aller in der Primfaktorzerlegung vorkommenden Primzahlen, und zwar in der jeweils größten Anzahl.

Beispiel 4: Bestimme kgV (18,21) aus der Primfaktorzerlegung.
Lösung: $18 = 2 \cdot 3 \cdot 3$
$21 = 3 \cdot 7$
$\text{kgV} = 2 \cdot 3 \cdot 3 \cdot 7$
Es ergibt sich kgV (18,21) $= 2 \cdot 3^2 \cdot 7 = 126$

Aufgaben

1. Bestimme das kgV der folgenden Zahlen:

a) 12, 18 b) 24, 26 c) 24, 56 d) 48, 84

2. Bestimme das kgV der folgenden Zahlen:

a) 12, 18, 27 b) 24, 26, 28 c) 24, 56, 48 d) 48, 84, 121

3. Zwei Zahnräder greifen ineinander. Eines hat 12 Zähne, das andere 42. Zu Beginn werden die ineinander greifenden Zähne markiert. Wie viele Umdrehungen hat das große Zahnrad gemacht und wie viele das kleine, wenn zum ersten Mal die Markierungen wieder aufeinander liegen?

   Lösungshinweis: Überlege, was kgV (12, 42) für die Stellung der Zahnräder bedeutet.

   Umdrehungen großes Rad

   Umdrehungen kleines Rad

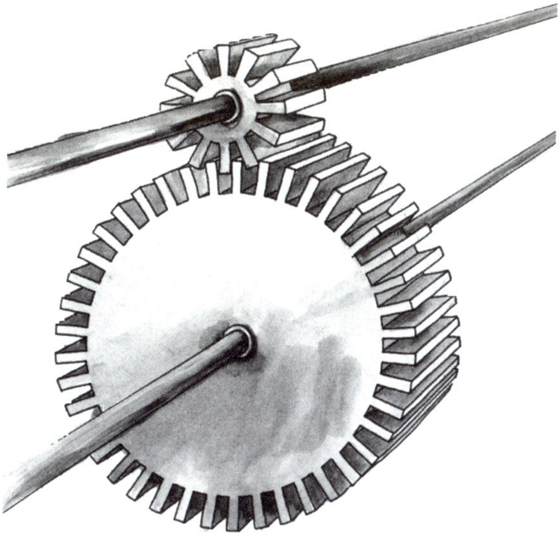

Lösungen

Seite 9: Große Zahlen

1. Die kleinste natürliche Zahl ist 1. Es gibt keine größte.
2. 22
3. 9, 90, 900
4. Die Sextillion schreibt man als 1 mit 36 Nullen, die Dezillion mit 60.
5. a) zwölftausenddreihundertfünfundvierzig
   b) einhundertdreiundzwanzigtausendvierhundertsechsundfünfzig
   c) eine Million zweihundertvierunddreißigtausendfünfhundertsiebenundsechzig
   d) zehn Billionen hundert Millionen einhunderttausendeinhundert
6. 17, 52, 5
7. 960000

Seite 11: Das Zehnersystem

1 a) $1 \cdot 1\,000 + 1 \cdot 100 + 2 \cdot 10 + 2 \cdot 1$
   b) $1 \cdot 1\,000\,000 + 1 \cdot 100$
   c) $1 \cdot 1\,000\,000\,000 + 2 \cdot 1\,000\,000 + 3 \cdot 1\,000$
2. Die kleinste Zahl ist 1023, die größte 9 876.
3. a) 9 b) 10

Seite 13: Das Zehnersystem in Potenzschreibweise

1. a) 3 ist die Grundzahl, 5 die Hochzahl. b) $3 \cdot 3 \cdot 3 \cdot 3 \cdot 3$
2. a) 2^3 b) 3^2 c) 10^3 d) 7^5
3. a) 9 b) 8 c) 625 d) 64 e) 1
4. a) 10^5 b) 10^7 c) 10^9 d) 10^{12} e) 10^{18} f) 10^{11}
5. a) $3 \cdot 10^4 + 4 \cdot 10^3 + 5 \cdot 10^2 + 6 \cdot 10 + 2 \cdot 1$
   b) $1 \cdot 10^6 + 1 \cdot 10^3 + 1 \cdot 1$
   c) $1 \cdot 10^8 + 2 \cdot 10^6 + 3 \cdot 10^4 + 4 \cdot 10^2 + 5 \cdot 1$
6. 1, 4, 9, 16, 25, 36, 49, 64, 81, 100, 121, 144, 169, 196, 225, 256,289, 324, 361, 400, 441, 484, 529, 576, 625

Seite 15: Das Dualsystem

1.

Stelle	8.Stelle	9.Stelle	10.Stelle	11.Stelle
Wert der	2^7	2^8	2^9	2^{10}
Stelle	128	256	512	1 024

2. a) 3 b) 11 c) 21 d) 59 e) 85 f) 170 g) 63 h) 1 023
3. a) 101_2 b) $1\,000_2$ c) $1\,001_2$ d) $1\,111_2$ e) $10\,111_2$
   f) $100\,001_2$ g) $1\,100\,100_2$ h) 11001000_2
4. a) $5 + 2 = 7$, $10 + 3 = 13$, $7 + 5 = 12$
   b) $1\,101_2 + 101_2 = 10\,010_2$, $101\,101_2 + 10\,011_2 = 1\,000\,000_2$
   $1\,111_2 + 1\,001_2 = 11\,000_2$

Seite 17: Zählen im Dualsystem

1. a) 11_2, 110_2
   b) 100_2, 1000_2
   c) 111_2, 1110_2
2. a) Die Einerziffer ist 0.
   b) Die Einer- und Zweierziffer sind 0.
   c) Die Einer, Zweier- und Viererziffer sind 0.
3.

	1	0	0	0	1	17
	1	0	0	1	0	18
	1	0	0	1	1	19
	1	0	1	0	0	20
	1	0	1	0	1	21
	1	0	1	1	0	22
	1	0	1	1	1	23
	1	1	0	0	0	24
	1	1	0	0	1	25
	1	1	0	1	0	26
	1	1	0	1	1	27
	1	1	1	0	0	28
	1	1	1	0	1	29
	1	1	1	1	0	30
	1	1	1	1	1	31
1	0	0	0	0	0	32

4. a) 10_2 b) 100_2 c) 1000_2 d) 10000_2
   e) Die Nachfolgezahl hat eine Stelle mehr, beginnt mit 1 und hat sonst lauter Nullen.

Seite 19: Die Addition

1. a) 6 912 b) 456 214 c) 97 321 d) 13 221 e) 20 064 f) 974 507
2. a) 1 233 b) 8 833 c) 5 555
3. a) 85 b) 100
4. a) 121 b) 431 134 c) 1 991

Seite 21: Rechengesetze der Addition

1. a) 135 b) 954 c) 17 242 d) 5 943
2. a) 3 333 b) 13 876 953
3. $(628 + 527) + (356 + 759) = 2\,270$
4. Endsumme ist 47 993.
5. $a + b + c$, $a + c + b$, $b + a + c$, $b + c + a$, $c + a + b$, $c + b + a$

Seite 23: Die Subtraktion

1. a) 43 556 b) 346 702 c) 66 105 d) 64 509 e) 352
2. 26
3. Der Wert bleibt gleich.
4. 9 999 – 1 234 = 8 765
5. 1 023 – 999 = 24
6. a) 21 635 808
   b) 995 764 215

Seite 25: Die Verbindung von Addition und Subtraktion

1. a) 24 b) 4 887
2. a) 18 Std. 26 Min. b) 21,10 DM c) 1 kg 575 g
3. 1 730 DM
4. Es waren 2 Plätze frei.
5. Lessing wurde 1729 geboren, Schiller 1759.

Seite 27: Rechenausdrücke mit +,– und ( )

1. 696
2. (354 – 123) + (456 + 254) = 941
3. (234 + 266) – (111 + 99) = 290
4. (777 + 222) – [999 – (65 + 35)] = 100
5. a) 531 – 444 = 87 b) 166 – 78 = 88
6. (9 999 + 2 734) – (8 965 – 3 689) = 7457

Seite 29: Die Multiplikation

1. a) 230, 2 300, 23 000
   b) Multipliziert man eine Zahl mit 10 (100, 1 000, usw.), so hängt man an die Zahl eine (zwei, drei, usw.) Null(en) an.
2. 7 · 9 = 63
3. a) 70 b) 1 800 c) 4 500 d) 9 000 e) 21 000
4. a) Der Wert verdoppelt sich.
   b) Der Wert verdoppelt sich.
   c) Der Wert vervierfacht sich.
5. a) (1 + 20) + … + (10 + 11) = 10 · 21 = 210
   b) (21 + 50) + … + (35 + 36) = 15 · 71 = 1 065
   c) (1 + 1 000) + … + (500 + 501) = 500 · 1 001 = 500 500

Seite 31: Das Distributivgesetz zum Kopfrechnen

1. a) 162 b) 162
   c) 3200 d) 750
   e) 5335 f) 4590

Seite 33: Die schriftliche Multiplikation

1. a) 12 345 b) 11 111 c) 54 321 d) 32 123 e) 10 101 010 f) 111 111
   g) 123 456 789 h) 12 345 678 987 654 321
2. 77 040
3. a) 6600 km b) 396 l
5. Er hat die multiplizierten Teile auf die richtigen Stellen untereinandergeschrieben.

Seite 35: Die Division

1. a) 56 b) 79 c) 123 d) 7 200
2. a) 39 min 5 s b) 14 h 25 min c) 1 h 34 min 38 s d) 1 d 11 h e) 7 d
   f) 1 d 1 h 1 min
3. Man erhält stets 999.
4. Man erhält stets 22.

Seite 37: Rechenterme mit +, –, · und :

1. a) 10, Differenz b) 5, Quotient c) 100, Summe d) 8, Differenz
   e) 200, Summe
2. 100
3. $(5\,288+225\cdot16):(3\,586-2\,475)=8$
4. $2\cdot(19\,105-9\,055)-(102\cdot155+75\,420:18)=100$
5. $(144:9+47\cdot4):12=17$

Seite 39: Besonderheiten beim Rechnen mit 0

1. Der Minuend muss gleich dem Subtrahenden sein. Der Differenzwert ist 0.
2. Der Dividend und der Divisor müssen gleich sein. Der Quotientwert ist 1.
3. a) 579
   b) 345
   c) 999
   d) 56 088

4. a)
```
  2 728
+ 3 261
-------
  5 989
```
b)
```
  8 502
- 4 351
-------
  4 151
```
c)
```
734 · 538
---------
3670
  2202
    5872
--------
394892
```
d)
```
677805 : 365 = 1857
365
----
3128
2920
----
 2080
 1825
 ----
  2555
  2555
  ----
     0
```

Seite 41: Einfache Gleichungsumformungen

1. a) $x = 31$ b) $x = 7$ c) $x = 7$
   d) $x = 100$ e) $x = 60$ f) $x = 35$
2. $(8\,349 - 2\,560) + x = 11\,111$, $x = 5\,322$
3. $108 \cdot 209 + x = 1531 \cdot 15$, $x = 393$
4. $x \cdot 9 - 17 = 100$, $x = 13$
5. Ich denke mir eine Zahl. Wenn ich sie verzehnfache und 50 addiere, erhalte ich 120, $x = 7$

Seite 43: Gleichungen mit x

1. $3x + 5x + 7x = 7{,}50$. Ein Apfel kostet 50 Pf.
2. Ich denke mir eine Zahl. Wenn man ihr 3faches, 5faches und 7faches addiert, erhält man 30.
3. a) $5 = 2x + 3$, $5 - 3 = 2x$, $x = 1$
   b) $100 + 20 = 5x + 3x$, $120 = 8x$, $x = 15$
   c) $100 = 3x + 5x - 3x$, $100 = 5x$, $x = 20$
4. Die Lösung mit kleinen Zahlen: $x = 1$

Seite 45: Längenmaße

1. Umrechnungszahl zur nächstkleineren Einheit ist 10.
   a) = 380 cm + 435 cm = 815 cm
   b) = 687 cm + 317 cm = 1 004 cm
   c) = 1030 cm − 645 cm = 385 cm
   d) = 545 cm + 300 cm − 630 cm = 215 cm. Erst plus-Glieder des Terms zusammenfassen!
2. $331 \cdot 40\,000$ km = 13 240 000 km weit ist der Flugkapitän geflogen.
3. Erdumfang = 40 000 km, Umlaufbahn = 41 000 km. Umrundungen schafft er 2 in 3 Stunden. 3 geht 16 mal in 48, also insgesamt 32 Umrundungen. Die zurückgelegte Strecke ist dann $32 \cdot 41000$ km = 1 312 000 km

Seite 47: Flächenmaße

1. Umrechnungszahl zur nächstkleineren Einheit ist 100.
   a) = 10 000 cm^2 + 100 cm^2 + 20 cm^2 = 10 120 cm^2
   b) = 200 000 cm^2 + 12 000 cm^2 + 80 cm^2 = 212 080 cm^2
2. Zerlege die Zahl von rechts in zweistellige Bündel. Die Bündel gehören der Reihe nach zur jeweils nächstgrößeren Einheit.
   a) = 25 m^2 0 dm^2 0 cm^2 b) = 250 m^2 0 dm^2 0 cm^2
   c) = 45 m^2 3 dm^2 60 cm^2 d) = 3 m^2 46 dm^2 0 cm^2
3. Das Wörtchen „pro" signalisiert immer eine Division!
   Australien EW pro km^2 = 15 360 000 : 7 680 000 = 1536 : 768 = 2
   Europa EW pro km^2 = 703 500 000 : 10 500 000 = 7 035 : 105 = 67
4. Zeichne im 1 cm Abstand zum Rand Linien. Daraus ergeben sich Kästchen von 1 cm^2. Man zählt 16 Kästchen. Die Grundfläche des Gartenhauses ist also 16 m^2.

Seite 49: Volumenmaße

1. Umrechnungszahl zur nächstkleineren Einheit ist 1 000.
   a) = 1 000 000 cm^3 + 1 000 cm^3 + 200c m^3 = 1 001 200 cm^3
   b) = 20 000 000 cm^3 + 1 200 000 cm^3 + 80 cm^3 = 21 200 080 cm^3
2. Zerlege die Zahl von rechts in dreistellige Bündel. Die Bündel gehören der Reihe nach zur jeweils nächstgrößeren Einheit.
   a) = 250 dm^3 950 cm^3
   b) = 450 dm^3 360 cm^3
   c) = 3 dm^3 400 cm^3 650 mm^3
3. Beachte die Umrechungstabelle Hohlmaße in Volumenmaße! Das Wichtigste ist die Identität 1 Liter = 1 dm^3.
   a) = 50 dm^3
   b) = 210 dm^3
   c) = 1 000 cm^3 + 250 cm^3 = 1 250 cm^3
   d) = 30 cm^3 + 45 cm^3 = 75 cm^3
4. Die wichtigsten Identitäten sind 1 cm^3 = 1 ml und 1 dm^3 = 1 l.
   a) = 2 035 dm^3 = 20 hl 35 l
   b) = 2 000 cm^3 + 10 cm^3 = 2 010 ml
   c) = 3 850 dm^3 = 3 850 000 cm^3 = 3 850 000 ml = 385 000 cl
5. Geh bei der Lösung von Textaufgaben schrittweise vor: 1 m^3 = 1 000 dm^3 = 1 000 l. Das ergibt 1 000 l : 8 l = 125 Tetrapaks zu jeweils 8 Litern.

Seite 51: Masse und Gewicht

1. Löse das Leichteste zuerst. Das muss nicht immer in der Reihenfolge der Aufgabenstellung sein! 12 t + 4,5 t = 12 000 kg + 4 500 kg = 16 500 kg also 16 500 kg = 165 dz = 16,5 t = 330 ztr.
2. Wenn laut Angabe Bier etwa so schwer ist wie Wasser, dann wiegt 1 l Bier 1 kg und somit der halbe Liter Bier 500 g.
   Also Nettogewicht = Biergewicht = 20 · 500 g = 10 kg. Taragewicht = Flaschengewicht + Kasten = 20 · 100 g + 350 g = 2 350 g und damit Bruttogewicht = Netto + Tara = 12 kg 350 g.
3. a) = 300 kg + 100 kg + 500 g = 400 kg 500 g
   b) = 3 kg 450 g 150 mg = 3 450,150 g
   c) = 45 t + 150 kg + 3 500 kg = 48 t 650 kg
4. a) V = Länge · Breite · Höhe = 50 m · 15 m · 2 m = 1 500 m^3 = 1 500 000 l ist das Volumen des Beckens.
   b) 1 500 m^3 = 1 500 000 l Wasser haben eine Masse von 1 500 000 kg = 1 500 t.

Seite 53: Zeit und Dauer

1. a) = 120 min + 35 min = 155 min
   b) = 3 · 3 600 s + 40 · 60 s = 10 800 s + 2 400 s = 13 200 s
   c) = 4 · 24 · 60min + 5 · 60min + 45min = 5 760min + 300min + 45min
   = 6 105min
   d) = 360 s + 30 s = 6 min 30 s
   e) 1 500 : 60 = 25, also = 1 d 1 h
   f) = 3 d 3 h 10 min
2. Addiere Stunden und Minuten und regle dann die Überträge.
   10 h 35 min + 4 h 40 min = 14 h 75 min = 15 h 15 min, Ankunft des Siegers. Das Feld kommt also um 15 h 15 min + 28 min = 15:43 Uhr an.
3. Die Mannschaft ist am 5., 6. und 7. April den ganzen Tag im All, also 3 · 24 h. Am Starttag fehlen 5:44:15 Stunden bis Mitternacht und am Tag der Landung sind es noch 5:50:15 Stunden Flug. Man rechnet zusammen 5 h 44 min 15 s + 3 · 24 h + 5 h 50 min 15 s = 83 h 34 min 30 s.

Seite 55: Umfang des Rechtecks und des Quadrats

1. Länge = 18 m – 2 m = 16 m, Breite = 15 m – 2 m = 13 m,
   Umfang = 2 · (Länge + Breite) = 2 · 29 m = 58 m,
   Anzahl der Pflanzen = 58 · 2 = 116.
2. Der Umfang des Rechtecks = 2 · (3,60 m + 4,20 m) = 15,60 m. Für das umfangsgleiche Quadrat gilt 4 · a = 15,60 m = 156 dm. Also ist die Seitenlänge a = 156 dm : 4 = 39 dm.
3. Von den 4 Rechtecken sind 2 jeweils gegenüberliegende gleich. Sie messen z. B. 1,5 cm · 5 cm und 3,5 cm · 5 cm.
4. Ein Spielwürfel hat 12 Kanten.
   Die gesamte Kantenlänge ist also 12 · 1,5 cm = 18 cm.

Seite 57: Flächeninhalt des Rechtecks und des Quadrats

1. A = Länge · Breite = 98 m · 54 m = 5 292 m^2
2. Der umlaufende 3 m breite Rasenstreifen erzeugt eine Fläche von 98 m + 6m = 104 m Länge und 54 m + 6 m = 60 m Breite. Wenn man von dieser Fläche die Fläche des Fußballfeldes abzieht, erhält man die Fläche des Rasenstreifens. Also A = 104 m · 60 m – 5 292 m^2 = 6 240 m^2 – 5 292 m^2 = 948 m^2
3. Figur 1: Hier ist es gut, von einem Rechteck auszugehen, aus dem ein kleineres Rechteck am Rand ausgeschnitten ist. A = 3 cm · 6 cm – 2 cm · 3 cm = 18 cm^2 – 6 cm^2 = 12 cm^2
   Figur 2: Auch hier ist es besser, vom äußeren Rechteck etwas abzuziehen, anstatt das äußere Rechteck durch das Zusammenfügen von Teilrechtecken zu bilden. Natürlich kommt trotzdem in beiden Fällen dasselbe heraus!
   A = 6 cm · 6 cm – 2 cm · 4 cm = 36 cm^2 – 8 cm^2 = 28 cm^2
   Figur 3: A = 1 cm^2 + 1 cm^2 + 3 cm · 1 cm = 5 cm^2

Fortsetzung von Seite 57:

4. Länge = Fläche : Breite = 800 m^2 : 32 m = 25 m,
   Umfang = 2 · (Länge + Breite) = 2 · (32 m + 25 m) = 114 m
5. Grund für ein Haus = 950 m^2 : 5 = 190 m^2, Preis für ein Grundstück
   = 190m^2 · 200 $\frac{DM}{m^2}$ = 38 000 DM

Seite 59: Oberfläche von Quader und Würfel

1. Am besten alles in cm umwandeln! A = 2 · (150 · 50 + 150 · 120 + 50 · 120)cm^2
   = 63 000 cm^2 = 630 dm^2.
2. Bastle dir ein Kistchen aus Papier, aber vergiss nicht die Klebekanten.
3. Der Quader hat jeweils 4 gleich lange Kanten. Also ergibt sich als Drahtlänge = 4 · (1 cm + 2 cm + 15 cm) = 72 cm. Ein Würfel hat 12 gleiche Seiten, also a = 72 cm : 12 = 6 cm.
4. Oberfläche a^2 = 294 cm^2 : 6 = 49 cm. 49 ist eine Quadratzahl, also a = 7 cm Kantenlänge des Würfels.
5. Alle Größen in dm: Breite = 10 dm, Tiefe = 1 dm, Höhe = 12 dm,
   Fläche = 2 · (10 · 1 dm^2 + 10 · 12 dm^2 + 1 · 12 dm^2) = 284 dm^2,
   Gesamtpreis = 284 dm^2 · 13 $\frac{DM}{dm^2}$ = 3 692 DM.

Seite 61: Geschwindigkeit

1. Gesucht ist die Geschwindigkeit v. Schreibe dann immer zuerst die einschlägige Formel auf. v = s : t = 160 km : 5 h = 32 $\frac{km}{h}$
2. Gesucht ist ein Weg. Schreibe zuerst die einschlägige Formel auf. s = v · t
   a) s = 9 $\frac{km}{h}$ · 2 h = 18 km
   b) s = 9 $\frac{km}{h}$ · 2 h 30 min = 9 $\frac{km}{h}$ · 2 h + 9 $\frac{km}{h}$ · 0,5 h = 18 km + 4,5 km = 22,5 km
   c) s = 9 $\frac{km}{h}$ · 3 h + Strecke einer Viertelstunde = 27 km + 2 km 250 m
   = 29 km 250 m
3. Gesucht ist eine Zeit. Schreibe zuerst die einschlägige Formel auf. t = s : v
   t = 390km : 60 $\frac{km}{h}$ = 6 h 30 min. Man findet zuerst 6h. Das entspricht einer Strecke von 360 km. Bleiben 30 km, was bei 60 $\frac{km}{h}$ eine halbe Stunde dauert.
4. Wenn man 10 $\frac{m}{s}$ zurücklegt, so kommt man in der Stunde 10 · 3 600 m weit. Also die Umrechnung 10 $\frac{m}{s}$ = (10 · 3 600) : 1000 $\frac{km}{h}$ = 36 $\frac{km}{h}$.
5. 72 $\frac{km}{h}$ sind 72 000 $\frac{m}{h}$. Weil 1 h = 3 600 s ist, gilt pro Sekunde 72 000 $\frac{m}{h}$
   = 72 000 : 3 600 $\frac{m}{s}$ = 20 $\frac{m}{s}$. In 3 Sekunden kommt ein Auto also 60m weit.
6. Beispiel: Bei 8 m Entfernung in 4 s ist deine Bewegungsgeschwindigkeit 7,2 $\frac{km}{h}$

Seite 63: Geld und Geldeinheiten

1. Man erhält jedes Ergebnis durch Multiplikation 2 · 7= 14 etc.
   14 öS 21 öS 70 öS 105 öS 224 öS
2. Man muss durch 7 mit Restbildung teilen! Die Ganzen sind dann Mark, der Rest bleibt öS. 40 DM 64 DM Rest 2 öS 176 DM Rest 3 öS
3. Die Angabe gibt die Liste vor. Ohne die Liste ist die Lösung unübersichtlich.

Apfelsaft:	6 · 3,45 DM =	20,70 DM
Eis:	12 · 1,80 DM =	21,60 DM
Müsli:	4 · 0,85 DM =	3,40 DM
Umsatz ist Summe	=	45,70 DM

4. Das ist eine Knobelaufgabe! (Versuche $\overline{\text{B C D E}}$)

Seite 65: Preis, Einkauf und Verkauf

1. a) 5 Rosinenbrötchen 2,25DM, also kostet eines 2,25DM : 5 = 225 Pf : 5 = 45 Pf
   b)

Äpfel	3 · 3,50 DM =	10,50 DM
Kirschen	=	4,80 DM
Rosinenbrötchen		2,25 DM
Milch	3 · 1,55 DM =	4,65 DM
Summe	=	22,20 DM

2. Heizöl kostet also 1 630 DM – 55 DM = 1575 DM. Der Liter kostete also 1 575 DM : 3 500 l = 157 500 Pf : 3500 l = 45 $\frac{\text{Pf}}{\text{l}}$

Seite 67: Kosten, Gewinn und Verlust

1.

Miete	7 · 130 DM =	910,00 DM
Würste	7 · 350 · 2 · 0,80 DM =	3 920,00 DM
Teller,...	7 · 350 · 0,50 DM =	1 225,00 DM
Summe Kosten	=	6 055,00 DM
Verkaufserlös	7 · 350 · 4,50 DM=	11 025,00 DM

   Da der Verkaufserlös größer ist als die Kosten, ergibt sich also ein Gewinn! Gewinn = Verkaufserlös – Summe Kosten = 11 025,00 DM – 6 055,00 DM = 4 970,00 DM
2. a) Kosten = 10 000 DM + 2 000 DM + 4 500 DM + 900 DM = 17 400 DM. Also müssen verkauft werden: Karten = 17 400 : 15 = 1 160 Stück.
   b) 17 400 DM – 950 · 15 DM = 17 400 DM – 14.250 DM = 3 150 DM Verlust!
   c) 1 350 · 15 DM – 17 400 DM = 20 250 DM – 17 400 DM = 2 850 DM Gewinn

Seite 69: Arbeitszeit und Lohn

1. Bei 45 Wochenarbeitsstunden fallen 7 Überstunden an. Man rechnet also Arbeitslohn = 38 · 19 DM + 7 · 22 DM = 876 DM
2. a) 3 · 3,90 DM = 11,70 DM, dann genauso 19,50 DM, 39,00 DM und 156,00DM
   b) 19,50 DM : 3,90 DM = 5. Frau Gebler muss 5 Bügeleisen pro Stunde fertigstellen um auf diesen Stundenlohn zu kommen.
   c) Frau Gebler verdient also 42 · 3,90 DM = 163,80 DM am Tag. Bei 7 Stunden entspricht das einem Stundenlohn von 16 380 Pf : 7 h = 2 340 $\frac{Pf}{h}$ = 23,40 $\frac{DM}{h}$.
3. 1 260 DM : 16,80 DM = 126 000 : 1 680 = 75. Klaus braucht den Lohn von 75 Arbeitsstunden, um sich das Fahrrad kaufen zu können.

Seite 71: Teiler und Teilermengen

1. 3 teilt nicht 38, 7 teilt 105, 15 teilt nicht 145, 18 teilt 72, 19 teilt 456
2. T_9 = {1, 3, 9}; T_{24} = {1, 2, 3, 4, 6, 8, 12, 24}; T_{32} = {1, 2, 4, 8, 16, 32}
   T_{49} = {1, 7, 49}; T_{91} = {1, 7, 13, 91}; T_{93} = {1, 3, 31, 93}
3. T_{504} = {1, 2, 3, 4, 6, 7, 8, 9, 12, 14, 18, 21, 24, 28, 36, 42, 56, 63, 72, 84, 126, 168, 252, 504}
4. a) Schnittmenge = {1, 3}
5. Nein, das kann nicht sein, weil 1 alle Zahlen teilt und folglich mindestens ein Element in der Schnittmenge zweier Teilermengen ist.

Seite 73: Teilbarkeitsregeln für 2, 4, 8, 5, 10

1. a) L= {2, 4}
   b) L= {2, 4}
   c) L= {2, 5, 10}
   d) L= {2, 4}
   e) L= {2, 4, 8, 5, 10}
   f) L = {5}
2. a) ? = 1 oder ? = 3 oder ? = 7 oder ? = 9, weil die Zahl aus den 2 Endziffern dann durch 4 teilbar ist.
   b) ? = 2 oder ? = 6
   c) ? = 0 oder ? = 4 oder ? = 8
   d) ? = 0 oder ? = 2 oder ? = 4 oder ? = 6 oder ? = 8
   e) ? = 0 oder ? = 2 oder ? = 4 oder ? = 6 oder ? = 8
   f) Es gibt keine durch 4 teilbare ungerade Zahl!
3. a) ? = 0 oder ? = 4 oder ? = 8, weil dann die aus den 3 Endziffern gebildete Zahl durch 8 teilbar ist.
   b) ? = 4
   c) ? = 2
   d) ? = 0 oder ? = 2 oder ? = 4 oder ? = 6 oder ? = 8
   e) ? = 3 oder ? = 7

Fortsetzung von Seite 73:

4. Wenn die Zahl durch 2 und durch 5 teilbar ist, dann muss sie durch 10 teilbar sein. Damit lautet sie also zunächst 5 ? 40. Die aus den 3 Endziffern gebildete Zahl muss durch 8 teilbar sein. Das gilt für ? = 0, ? = 2, ? = 4, ? = 6, ? = 8. Die Zahlen lauten also 5040, 5240, 5440, 5640 und 5840.

Seite 75: Teilbarkeitsregeln für 3 und 9 und abgeleitete Teilbarkeitsregeln

1. a) = 11 b) = 9 c) = 24 d) = 4 e) = 27
2. a) QS = 6, also teilbar durch 3, nicht durch 9
   b) QS = 9, also teilbar durch 3 und durch 9
   c) QS = 24, also teilbar durch 3, nicht durch 9
   d) QS = 4, also weder teilbar durch 3 noch durch 9
   e) QS = 22, also weder teilbar durch 3 noch durch 9
3. a) 0, 3, 6, 9 b) 1, 4, 7 c) 2, 5, 8 d) 1, 4, 7 e) 0, 3, 6, 9
4. a) 0, 9 b) 1 c) 2 d) 7 e) 7
5. a) 2, 3, 4 b) 2, 3, 4, 5, 9 c) 2, 3, 9 d) 3, 5 e) 3, 9
6. Satz a) ist richtig; denn wenn eine Zahl durch $14 = 2 \cdot 7$, $21 = 3 \cdot 7$ teilbar sein soll, muss sie auch schon durch 7 teilbar sein.
   Dagegen ist Satz b) falsch, wie man sich durch ein Gegenbeispiel überlegt: Die Zahl 7 wird von 7 geteilt, aber natürlich nicht von 14, 21, etc.

Seite 77: Primzahlen finden und testen

1. $T_{11} = \{1,11\}$ $T_{13} = \{1,13\}$ $T_{17} = \{1,17\}$ $T_{19} = \{1,19\}$
2. Wende einfache Teilbarkeitsregeln an. Wenn du unsicher bist, vergleiche mit der Primzahltabelle. Aus der Liste sind 3, 29, 31, 43, Primzahlen. Zur Begründung wird bei den anderen Zahlen jeweils ein Teiler angegeben $9 \mid 18$, $7 \mid 49$, $3 \mid 57$, $7 \mid 77$, $9 \mid 81$, $7 \mid 91$, $5 \mid 105$.
3. 229 ist ungerade, QS(229) = 13, Endziffer weder 0 noch 5. 229 : 7 = 32 Rest 5. Erst $17 \cdot 17$ ist größer als 229, also müssen die Primzahlen bis 17 untersucht werden, ob sie Teiler sind. Zwischen 7 und 17 gibt es da nur die 11 und die 13. Man rechnet 229 : 11 = 20 Rest 9. Bei 229 : 13 = 17 bleibt ein Rest von 8. Also muss 229 eine Primzahl sein.

Seite 79: Primfaktorzerlegung

1. a) $12 = 2^2 \cdot 3$ b) $18 = 2 \cdot 3^2$ c) $42 = 2 \cdot 3 \cdot 7$
   d) $115 = 5 \cdot 23$ e) $65 = 5 \cdot 13$ f) $3^2 \cdot 5^2$
2. $2\,310 = 30 \cdot 77 = 2 \cdot 15 \cdot 7 \cdot 11 = 2 \cdot 3 \cdot 5 \cdot 7 \cdot 11$ oder $2\,310 = 2 \cdot 1\,155$
   $= 2 \cdot 5 \cdot 231 = 2 \cdot 5 \cdot 7 \cdot 33 = 2 \cdot 5 \cdot 7 \cdot 3 \cdot 11$ bis auf Vertauschung gleich!
3. $2^4 = 16$, $2^5 = 32$ und $2^6 = 64$. $2^7 = 128$ ist bereits dreistellig.
   $2^3 = 8$ war noch einstellig.
4. $2^2 \cdot 3$, $2^3 \cdot 3$, $2^4 \cdot 3$, $2^5 \cdot 3$, $2 \cdot 3^2$, $2 \cdot 3^3$, $2^2 \cdot 3^2$, $2^3 \cdot 3^2$
5. Man rechnet $5 \cdot 4 + 9 = 29$, $5 \cdot 4 + 3 = 23$ etc., 19, 17, 37, 31, 41, 43 sind alles Primzahlen!

Seite 81: Der größte gemeinsame Teiler (ggT)

1. $ggT(72, 90, 126) = 2 \cdot 3^2 = 18$
2. a) $T_{12} = \{1,2,3,4,6,12\}$ $T_{16} = \{1,2,4,8,16\}$, also $ggT(12,16) = 4$
   b) $T_{34} = \{1,2,17,34\}$ $T_{51} = \{1,3,17,51\}$, also $ggT(34,51) = 17$
   c) $T_{20} = \{1,2,4,5,10,20\}$ $T_{50} = \{1,2,5,10,25,50\}$, also $ggT(20,50) = 10$
   d) $T_{36} = \{1,2,3,4,6,9,12,18,36\}$ $T_{162} = \{1,2,3,6,9,18,27,54,81,162\}$,
   also $ggT(36,162) = 18$
3. a) $10 = 2 \cdot 5$, $15 = 3 \cdot 5$, $ggT(10,15) = 5$
   b) $36=2^2 \cdot 3^3$, $84 = 2^2 \cdot 3 \cdot 7$, $ggT(36,84)=2^2 \cdot 3$
   c) $240 = 2^4 \cdot 3 \cdot 5$, $128 = 2^7$, $ggT(240,128) = 2^4$
   d) $176 = 2^4 \cdot 11$, $396 = 2^2 \cdot 3^3 \cdot 11$, $ggT(176,396)=2^2 \cdot 11$
4. a) $72 = 2^3 \cdot 3^2$, $55 = 5 \cdot 11$, also teilerfremd, weil keine gleichen Primfaktoren.
   b) $126 = 2 \cdot 3 \cdot 3 \cdot 7$, $84 = 2 \cdot 2 \cdot 3 \cdot 7$, also gemeinsamer Teiler 2
   c) $693 = 3 \cdot 3 \cdot 7 \cdot 11$, $455 = 5 \cdot 7 \cdot 13$, also gemeinsamer Teiler 7
   d) $105 = 3 \cdot 5 \cdot 7$, $242 = 2 \cdot 11 \cdot 11$, also teilerfremd
5. Beim Quadrat sind alle Seiten gleich lang, also muss das Blatt in lauter gleich breite Streifen eingeteilt werden. Es eignet sich also für die Streifenbreite der ggT(18,4 cm, 23,2 cm). Man rechnet am besten ohne Komma, $ggT(184, 232) = 8$. Es gibt $184 : 8 = 23$ Streifen in der Höhe und $232 : 8 =$ 29 Streifen in der Breite. Das ergibt $23 \cdot 29 = 667$ Kästchen.

Seite 83: Das kleinste gemeinsame Vielfache (kgV)

1. a) 36
   b) 312
   c) 168
   d) 336
2. a) 108
   b) 2 184
   c) 336
   d) 40 656
3. kgV (12, 42) = 84. Also 7 Umdrehungen das kleine Rad und 2 Umdrehungen das große Rad.